3ste   게 배우는

썬

입문

3step으로 확실하게 배우는 **파이썬** 입문

발행일 | 2021년 1월 5일 1쇄 발행

지은이 | 야마다 요시히로, 야마다 나미
옮긴이 | 최지연
발행인 | 강학경
발행처 | ㈜시그마프레스
디자인 | 고유진
편 집 | 윤원진

등록번호 | 제10-2642호
주소 | 서울특별시 영등포구 양평로 22길 21 선유도코오롱디지털타워 A401~402호
전자우편 | sigma@spress.co.kr
홈페이지 | http://www.sigmapress.co.kr
전화 | (02)323-4845, (02)2062-5184~8
팩스 | (02)323-4197

ISBN | 979-11-6226-297-9

3ステップ でしっかり学ぶ Python 入門

3 STEP DE SHIKKARI MANABU PYTHON NYUMON

by YAMADA Yoshihiro, YAMADA Nami

Copyright ⓒ 2018 YAMADA Yoshihiro, YAMADA Nami

ALL rights reserved.

Originally published in Japan by GIJUTSU HYOHRON CO., LTD, Tokyo.

Korean translation rights arranged with GIJUTSU HYOHRON CO., LTD, Japan

through THE SAKAI AGENCY and ENTERS KOREA CO., LTD.

* 책값은 뒤표지에 있습니다.

3step으로
확실하게 배우는

파이썬
입문

야마다 요시히로, 야마다 나미 지음 최지연 옮김

Σ시그마프레스

시작하며

이 책은 파이썬(Python)이라는 프로그래밍 언어를 배우기 위한 입문서입니다.

파이썬은 심플한 언어이지만 본격적인 애플리케이션을 만들 수 있기 때문에 아주 인기가 많습니다. 여러분이 알고 있는 구글이나 유튜브 등에서도 채택하고 있고, 서비스의 경우 드롭박스, 인스타그램, 에버노트 등에도 쓰이고 있습니다. 또한 최근에는 기계학습이나 딥러닝과 같은 인공지능(AI) 분야에서도 주목을 받고 있는 언어입니다.

이 책을 통하여 이러한 파이썬에 대해 여러분과 함께 즐겁게 학습했으면 하는 바람입니다.

이 책에서는 파이썬의 기초를 '예습', '체험', '이해'의 3step 레슨 형식으로 해설하고 있습니다. 각 장의 마지막에는 연습문제도 준비해두었으므로, 학습 이해도 체크에 이용하시기 바랍니다. 전반부는 '프로그래밍은 무엇인가'로부터 시작해, 학습을 위한 환경 구축하기, 명령어나 파일 실행 방법, 변수와 데이터 형식에 대해 배웁니다. 제6장 이후부터는 조건분기, 반복처리, 기본 라이브러리 등을 설명하여, 확실하게 기초를 굳힐 수 있도록 하였습니다. 그리고 후반부에서는 사용자 정의 함수 및 클래스 등 더욱 실전적인 프로그래밍에 대해 소개합니다.

이 책이 파이썬과의 좋은 만남, 좋은 기억으로 남는 한 권이 되어 앞으로 여러분에게 도움이 될 수 있기를 바랍니다.

또한 이 책과 관련된 지원 사이트를 아래 URL에 공개해두었습니다. Q&A 게시판을 비롯해, 샘플 다운로드 서비스, 이 책과 관련된 FAQ 정보, 온라인 공개 기사 등의 정보를 게재하였으니 함께 이용해주시기 바랍니다.

http://www.wings.msn.to/

마지막으로, 빠듯한 일정 중에도 필자의 무리한 조정을 들어주신 기술평론사의 편집자님, 허겁지겁 만든 초간단 레시피도 맛있게 먹어준 아들에게 진심으로 감사를 전합니다.

2018년 4월
야마다 나미

>>> Contents

차례

>>> Contents

Contents

제10장 클래스

이 책의 활용법

이 책은 파이썬을 사용하여 프로그래밍하는 방법을 배우는 책입니다.
각 절은 다음 3단계로 구성되어 있습니다.
이 책의 특징을 이해하고 효율적으로 학습을 진행해주세요.

Step1 예습 — 해당 절에서 해설하는 내용을 간단히 정리합니다.

Step2 체험 — 실제 파이썬으로 프로그램을 작성합니다.

Step3 이해 — 키워드 및 프로그램의 코드 내용을 문장과 일러스트로 알기 쉽게 설명합니다.

연습문제 — 각 장의 마지막에는 학습한 내용을 확인할 수 있는 연습문제가 준비되어 있습니다. 해답은 책 끝부분에서 확인해주세요.

파이썬의 기초 지식

1 프로그램의 개념을 이해하자

완성파일 | 없음

 예습 파이썬은 프로그래밍 언어

파이썬(Python)은 귀도 반 로섬(Guido van Rossum)이 개발한 프로그래밍 언어입니다.

이 책을 편 여러분은 어쩌면 프로그래밍 언어라는 단어가 낯설 수도 있을 것입니다. 그래서 먼저, 일반적인 개념의 '프로그래밍'이 무엇인지부터 살펴보도록 하겠습니다.

또한 기술계 입문서는 처음부터 여러 가지 용어들이 등장하는 탓에 '말이 너무 어려워서 포기하게 되는 경우'도 적지 않습니다. 지금부터 이러한 입문서에서 자주 다루는 용어들에 대해서도 정리해보도록 하겠습니다.

이해 | **프로그램과 관련된 키워드를 이해하자** ≫≫≫

≫≫≫ **프로그래밍 언어란?** ∙∙∙

컴퓨터는 다양한 것을 편리하게 정리해주는 기계이지만 스스로 무언가를 생각해서 움직이지는 않습니다. 기본적으로는 '누군가가 어떠한 지시'를 내려야만 작동하는 것이 컴퓨터입니다.

컴퓨터에 대고 "~해줘."라고 말을 걸거나 사람의 언어로 "~해줘."라고 써도 지시는 전해지지 않습니다. 컴퓨터가 이해할 수 있는 언어로 지시할 내용을 써야 합니다.

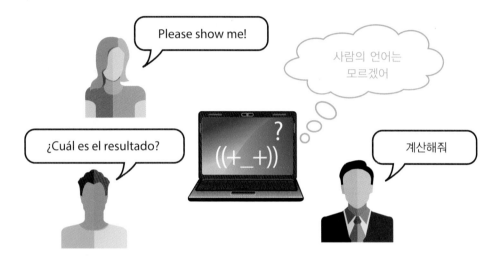

컴퓨터가 이해할 수 있는 말이 바로 **프로그래밍 언어**입니다. 또한 프로그래밍 언어로 쓰인 컴퓨터에 대한 지시서를 **프로그램**이라고 합니다.

그리고 프로그램을 쓰는 사람을 **프로그래머**, 프로그램을 쓰는 행동 자체는 **프로그래밍**이라고 하므로, 이것도 함께 기억해두도록 합시다.

💬 칼럼 | **애플리케이션**

프로그램과 비슷한 키워드로 '**애플리케이션(앱)**'이라는 단어도 있습니다. 예를 들어 여러분이 컴퓨터에서 사용하는 워드나 표 계산, 게임 등이 앱에 해당합니다.

컴퓨터에게 무엇을 시킨다는 의미에서는 거의 프로그램과 비슷하지만, 프로그램이 지시서 자체를 가리키는 데 반해, 앱은 지시서(프로그램)뿐만 아니라 이와 관련된 데이터(이미지 등)나 설정 파일 등을 포함한 커다란 틀이라고 할 수 있습니다.

컴퓨터의 지시서라고 할 수 있는 프로그램. 프로그램이라고 하면 보통 운동회나 콘서트 프로그램을 떠올릴 수도 있을 것입니다. 말 그대로 같은 것이라고 생각하면 됩니다.

운동회 프로그램이 사람이 운동회를 어떻게 진행할 것인지 그 순서를 적은 것이라면, 컴퓨터 프로그램은 컴퓨터가 어떻게 작업을 진행할 것인지를 나타낸 것입니다.

●○초등학교 운동회

개회식

1. 체조
2. 공굴리기(전학년)
3. 달리기(1학년)
…
20. 학년 대표 릴레이

폐회식

```python
import math

def get_circle(radius = 1):
    return radius * radius * math.pi

if _ _name_ _ == "_ _main_ _":
    print(get_circle(10), 'cm^2')
    print(get_circle(7), 'cm^2')
```

칼럼 프로그래밍의 특수성

운동회에서는 '공 던지기'라고 써 있으면 선생님들이 학생들을 알아서 데리고 움직이지만 컴퓨터는 그렇지 않습니다. "누가 어디로 집합해서", "어떤 경로로 입장해서", "어떤 규칙에 따라 경기를 진행하는가"를 미리 상세하게 적어두어야 합니다. 프로그래밍의 어려움 중 하나가 이와 같은 절차를 얼마나 상세하게 분해할 수 있느냐 하는 점입니다. 여러분도 프로그래밍을 공부할 때 단순히 언어 문법만을 익히는 것이 아니라, 일상적인 행동의 '분해'에 항상 유의하면서 '컴퓨터에게 지시를 내리려면 어떻게 하면 좋을까?'를 의식한다면 프로그래밍이 머리에 더욱 쉽게 들어올 것입니다.

>>> 고급언어와 기계어 ···

일반적으로 컴퓨터는 0과 1만으로 대화합니다. 즉, 컴퓨터에 지시를 내리기 위해서도 0과 1을 나열해 표시해야만 하는 것입니다. 이와 같이 0, 1로 표시되는 언어를 가리켜 기계어라고 합니다.

하지만 사람이 0과 1만 나열해서 지시 내용을 쓰기는 어렵습니다(읽는 것도 마찬가지). 그러므로 사람이 알기 쉬운, 일반적으로는 영어와 매우 닮은 고급언어를 사용합니다.

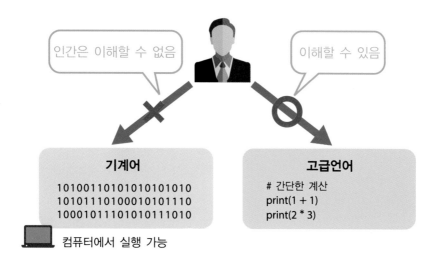

프로그래밍 언어는 크게 기계어와 고급언어로 분류할 수 있지만, 최근에는 단순히 프로그래밍 언어라고 하면 고급언어를 가리킵니다. 이 책의 주제인 파이썬도 마찬가지로 고급언어 중 하나입니다. 물론 고급언어도 그 자체로는 컴퓨터가 이해하지 못합니다. 그러면 이것을 어떻게 컴퓨터에게 전달할 것인가에 대해서 다음 절에서 설명하도록 하겠습니다.

정리

◉ 컴퓨터에 대한 지시서를 '프로그램', 프로그램을 작성하기 위한 언어를 가리켜 '프로그래밍 언어'라고 한다.
◉ 프로그래밍 언어는 '기계어'와 '고급언어'로 분류할 수 있다.
◉ 파이썬을 비롯해 현재 많이 쓰이는 것은 고급언어이다.

2 파이썬의 개요를 이해하자

완성파일 | 없음

 예습 **파이썬이란?**

이 책의 주제인 파이썬은 프로그래밍 언어 중 하나입니다. 하지만 프로그래밍 언어는 이 외에도 종류가 많습니다. 그중에서 파이썬을 선택하게 되는 이유는 무엇일까요?

이번 절에서는 다음과 같은 포인트를 바탕으로 파이썬의 특징에 대해 이해함과 동시에, 프로그래밍을 진행하면서 알아두어야 할 키워드를 더 많이 살펴보겠습니다.

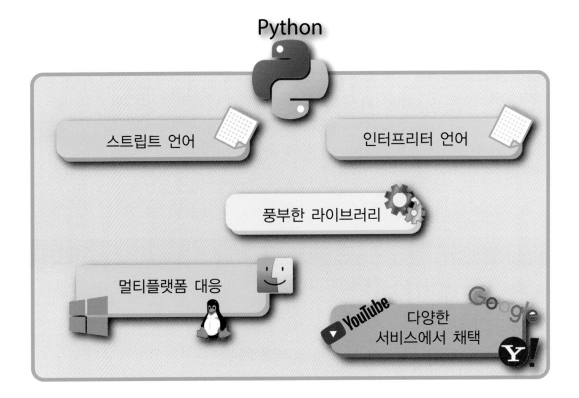

>>> 파이썬은 쉽다 ···

파이썬의 가장 큰 특징은 문법이 심플해서 익히기 쉽다는 점입니다.

프로그래밍 언어의 종류는 다양합니다. 그중에서는 대규모 개발에 적합한 언어도 있지만, 이러한 언어는 보통 코드의 양이 막대하기 마련입니다. 정밀하고 세세한 코드를 표현하기에는 적합하지만, 간단한 사항도 아주 자세하게 표시해야만 합니다. 아주 자세하게 표시해야 한다는 것은, 제일 처음 시작할 때 배워야 하는 것, 준비해야 할 것들이 많다는 것을 의미합니다. 다음은 "Hello, World!"를 표시하기 위한 파이썬의 프로그램과, Java라는 언어로 쓰인 프로그램을 비교한 것입니다.

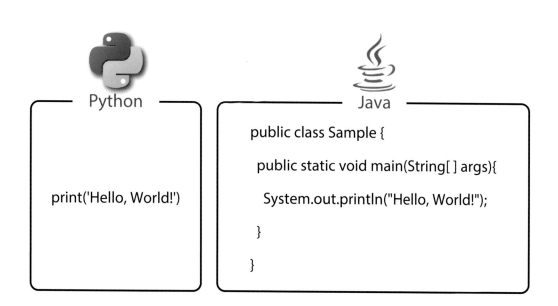

Python

```
print('Hello, World!')
```

Java

```
public class Sample {

    public static void main(String[ ] args){

        System.out.println("Hello, World!");

    }

}
```

물론 모든 경우에 해당되지는 않겠지만, 대부분 파이썬을 이용하면 더 간단하게 나타낼 수 있습니다. 참고로 프로그래밍 언어 중에서도 파이썬과 같이 심플함, 간단함에 중점을 둔 언어를 가리켜, **스크립트 언어**라고 합니다(또한 스크립트 언어로 쓰인 프로그램은 **스크립트**라고도 합니다).

스크립트(script)는 영어로 대본, 각본이라는 의미로, 컴퓨터에 대하여 '어떤 동작을 했으면 하는가'를 각본처럼 알기 쉽게 표시하는 언어라는 뜻을 담고 있습니다.

>>> 파이썬은 인터프리터 언어이다 ·····························

앞에서는 컴퓨터가 0과 1만 이해한다고 설명했습니다. 이에 반해 일반적인 고급언어는 영어와 매우 비슷한 표현으로 프로그램을 나타냅니다. 이러한 프로그램은 물론 컴퓨터가 그대로 이해할 수는 없습니다.

따라서 고급언어로 쓰인 프로그램을 실행하기 위해서는 **컴파일(일괄번역)**이라는 작업이 필요합니다. 영어와 비슷하게 쓰인 지시서를 컴퓨터가 이해할 수 있는 0과 1로 변환하는 것입니다(변경한 결과를 가리켜 **실행형식**이라고 합니다).

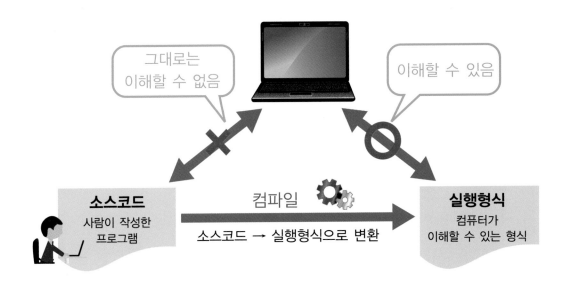

💬 칼럼	__소스코드__

실행형식과는 달리 사람이 직접 쓴 상태의 프로그램을 가리켜 **소스코드**, 줄여서 **코드**라고 부르기도 합니다.

Java와 같은 언어는 사람이 작성한 프로그램을 일단 컴파일해서, 만들어진 실행형식을 실행하기 때문에 컴파일 언어라고 불립니다.

반면 파이썬은 실행 시 '번역'을 해야 할 필요가 있다는 점은 동일하지만, 이를 의식할 필요는 없습니다. 스크립트를 실행하면 실시간으로 번역해 그대로 실행해주기 때문입니다. 이와 같은 언어를 가리켜 인터프리터(순차번역) 언어라고 합니다.

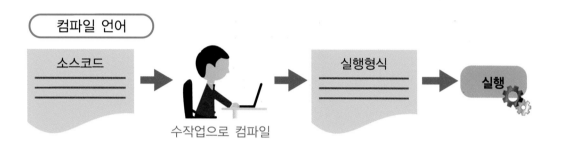

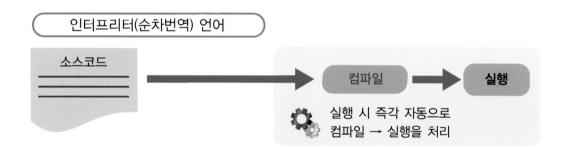

인터프리터 언어는 스크립트를 수정해도 하나하나 다시 컴파일하지 않고 그대로 실행할 수 있으므로, 오류가 발생해도 다시 시도하기가 용이합니다. 이 또한 파이썬이 쉽다고 평가받는 이유 중 하나입니다.

⟩⟩⟩ 파이썬은 크로스플랫폼 언어 ···

파이썬을 실행하려면 파이썬 실행 엔진만 있으면 충분합니다. 지원되는 실행 엔진만 있으면 Windows를 비롯해 macOS, Linux 등 현재 널리 사용되는 주요 플랫폼에서 동일하게 동작합니다.

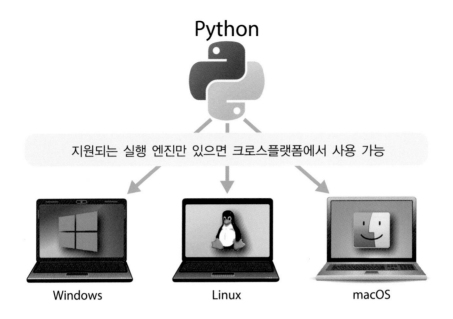

Python

지원되는 실행 엔진만 있으면 크로스플랫폼에서 사용 가능

Windows   Linux   macOS

>>> 파이썬은 라이브러리가 풍부하다 ··

일반적으로 프로그래밍 언어는 언어 그 자체뿐만 아니라, 프로그램을 작성할 때 편리한 도구가 함께 제공됩니다. 이와 같은 도구를 가리켜 **라이브러리**라고 합니다.

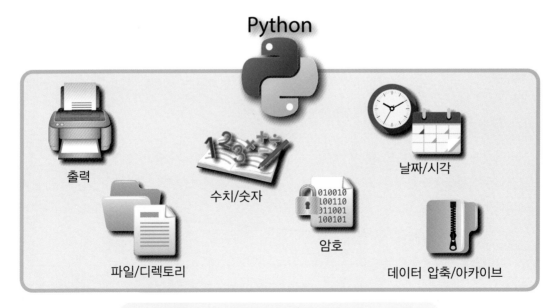

Python

출력

수치/숫자

날짜/시각

파일/디렉토리

암호

데이터 압축/아카이브

다양한 도구(라이브러리)가 준비되어 있다

파이썬에서는 표준 라이브러리가 풍부하게 제공되기 때문에 파이썬을 설치하기만 하면 다양한 작업을 할 수 있습니다. 그뿐만 아니라, 외부 라이브러리로 이미지 처리, 기계학습, 숫자 계산 등의 라이브러리가 다양한 것도 특징입니다. 이들 라이브러리 덕분에 파이썬은 최근 화제인 인공지능(AI), 심층학습 등의 분야에도 폭넓게 활용되고 있습니다.

💬 **칼럼** | **다양한 서비스에 사용되고 있다**

파이썬은 기능성이 뛰어나기 때문에 이미 여러 기업, 서비스에 사용되고 있습니다. 유명한 곳으로는 구글, 유튜브가 파이썬을 채택하고 있으며, 서비스로는 드롭박스, 인스타그램, 에버노트 등에서도 파이썬이 사용되고 있습니다.

정리

- 쉬움, 간단함에 중점을 둔 프로그래밍 언어를 가리켜 '스크립트 언어'라고 한다.
- 프로그램을 일단 실행형식으로 번역한 후 실행하는 언어를 가리켜 '컴파일 언어'라고 한다.
- 프로그램을 순차번역하면서 실행하는 언어를 가리켜 '인터프리터 언어'라고 한다. 파이썬도 인터프리터 언어이다.

3 오브젝트(객체) 지향 언어의 사고방식을 이해하자

완성파일 | 없음

 예습 **파이썬은 멀티패러다임 언어이다**

파이썬은 프로그램을 작성하는 방식의 관점에서는 멀티패러다임 언어라고 불립니다. 멀티패러다임이란, 다양한 개념을 지원한다는 의미입니다. 구체적으로는 다음과 같은 개념이 있습니다.

- **컴퓨터에 대한 지시를 순서대로 표시해나가는** 절차형 언어

절차형 언어

- **함수(혹은 정해진 기능을 가진 형식)를 조합하는** 함수형 언어

함수형 언어

- 프로그램에서 다루는 대상을 객체(오브젝트)로 취급하는 오브젝트 지향 언어

오브젝트 지향 언어

이와 같은 다양한 패러다임을 유연하게 조합하여(혹은 구분해서 사용하여) 프로그램을 작성할 수 있는 것 또한 파이썬의 특징 중의 하나입니다.

이들 패러다임 중에서도 현재 주류인 것이 '오브젝트(객체) 지향'이라는 방식입니다. 이 절에서는 이 오브젝트 지향에 대해 기본적인 개념을 정리해두겠습니다.

💬 **칼럼** | **파이썬 이름의 유래**

파이썬이라는 이름은 파이썬 개발자인 귀도 반 로섬이 하늘을 나는 몬티 파이썬이라는 영국 코미디 프로그램의 팬이었기 때문에 여기서 따온 이름입니다.

참고로 파이썬은 영어로는 '비단뱀'이라는 뜻으로, 파이썬의 로고에도 뱀 두 마리가 얽혀 있는 디자인이 사용되고 있습니다.

》》》 오브젝트 지향이란? ·····························

오브젝트 지향이란, 프로그램에서 다루는 대상을 객체(오브젝트)로 취급, 이 오브젝트를 조합하여 앱을 만들어나가는 기법을 말합니다. 예를 들어, 검색 키워드를 입력하면 네트워크에서 해당 데이터를 취득하는 앱을 만든다고 생각해봅시다.

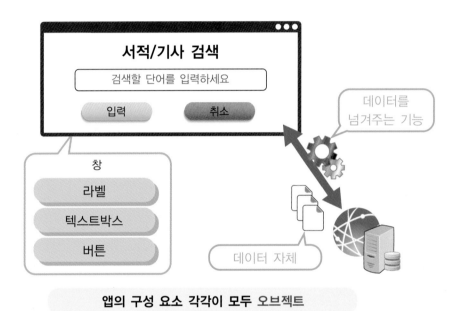

앱의 구성 요소 각각이 모두 오브젝트

일반적인 앱인 경우 화면을 표시하는 창이 있고, 문자열을 입력하기 위한 텍스트박스가 있으며, '입력' 버튼이 있을 것입니다. 이들 모두가 오브젝트입니다. 그뿐만 아니라 앱에서 취급하는 문자열 자체도 오브젝트이며, 네트워크에 액세스하기 위한 기능을 제공하는 것 또한 오브젝트, 앱으로부터 넘겨받은 데이터도 오브젝트입니다. 이것이 오브젝트의 조합으로 앱을 구성한다는 것의 의미입니다.

》》》 오브젝트는 '데이터'와 '기능'의 집합체 ·····················

오브젝트 지향에서 프로그램(앱)은 오브젝트의 집합체라는 것을 이해했으므로, 다음은 오브젝트가 무엇인가에 대해 알아보겠습니다.

간단하게 설명하면, 오브젝트는 '데이터'와 '기능'의 집합체입니다.

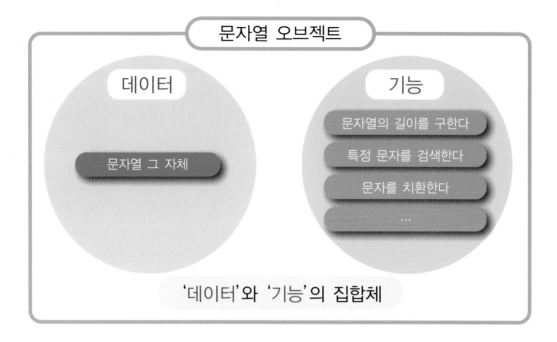

예를 들어 '문자열'이라는 오브젝트의 경우, '데이터'로 취급하고 있는 문자열 그 자체를 가지고 있습니다. 또한 '기능'으로서 '문자열의 길이를 구함', '문자열로부터 특정 문자열을 검색함', '문자열을 치환함' 등 오브젝트가 가지고 있는 데이터를 조작하기 위한 방법도 제공됩니다.

정리

- ◉ 파이썬은 여러 가지 프로그래밍 스타일을 갖추고 있는 '멀티패러다임 언어'이다.
- ◉ 오브젝트 지향은 현재 주류인 프로그래밍 스타일로, 파이썬에서도 오브젝트 지향 구문을 지원한다.
- ◉ 오브젝트 지향에서 앱은 오브젝트의 조합으로 작성된다.
- ◉ 오브젝트는 '데이터'와 '기능'으로 구성된다.

■ 문제 1

다음은 파이썬에 대해 설명한 문장입니다. 빈칸을 채워 문장을 완성하세요.

파이썬은 프로그래밍 언어 중에서도 심플함, 간단함에 중점을 둔 ① 언어라고 불리기도 합니다. 또한 실행 시 컴파일하지 않고 그대로 실행할 수 있어 ② 언어로 분류됩니다.

프로그래밍 스타일이라는 측면에서 분류했을 때, 파이썬은 여러 스타일(개념)을 유연하게 조합할 수 있어 ③ 언어라고도 합니다. 이용 가능한 스타일 중에서도, 오브젝트를 중심으로 프로그램을 조합하는 것을 ④ 지향이라고 합니다. ④ 는 ⑤ 와 ⑥ 으로 구성됩니다.

■ 문제 2

다음 문장은 파이썬에 대한 설명입니다. 맞는 것에는 ○를, 틀린 것에는 ×를 기입하세요.

( ) 파이썬은 기계어의 한 종류이다.

( ) 파이썬과 같이 간단하게 쓸 수 있는 것에 중점을 둔 프로그래밍 언어를 가리켜 스크립트 언어라고 한다.

( ) 파이썬은 오브젝트 지향에 특화된 프로그래밍 언어이다.

( ) 오브젝트 지향이란, 프로그램에서 취급하는 대상을 객체(오브젝트)로 다루어, 오브젝트의 조합으로 앱을 구성하는 방법을 뜻한다.

( ) 오브젝트란 기능을 가지지 않는 데이터의 집합체이다.

프로그래밍 준비

1 파이썬 설치하기

완성파일 | 없음

 예습 | **파이썬의 실행 환경** 》》》

파이썬을 학습하는 데 있어서, 우선은 파이썬을 실행하기 위한 환경(**실행 엔진**이라고 합니다)을 설치해야 합니다. 파이썬에는 홈페이지에서 제공하고 있는 것 외에도 여러 가지 패키지가 준비되어 있는데, 이 책에서는 홈페이지 표준 패키지를 설치하겠습니다.

표준 패키지에는 실행 엔진 외에, 도큐먼트, 간이 개발 환경, 라이브러리를 관리하기 위한 환경 등이 포함되어 있습니다.

또한 이 책에서는 Windows10 64bit 환경 기준으로 설명하겠습니다. 다른 버전을 이용 중인 경우 일부 표기가 다를 수 있습니다. 자신의 환경에 맞춰서 적절하게 이해해주세요. 또한 macOS High Sierra 환경에 대해서는 22쪽의 설명을 참고하시기 바랍니다.

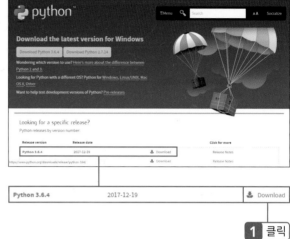

체험 | Windows 환경에 설치하기

1. 다운로드 페이지에 접속

웹에서 파이썬 공식 페이지(https://www.python.org/downloads/)에 접속합니다. 이 책에서는 64bit 버전을 사용하므로, 화면 중앙 버튼이 아닌 화면 아래 버전 리스트에서 최신 버전(Python 3.6.4)의 다운로드 링크를 클릭하여 1, 파일을 다운로드합니다.

2. 인스톨러 다운로드

다운로드 페이지가 표시되면 화면 아래의 [files] 카테고리에서 [Windows x86-64 executable installer] 링크를 클릭하고 1, [python-3.6.4-amd64.exe]를 다운로드합니다.

>>> **Tips**

파이썬은 수시로 버전이 업데이트되므로, 여러분이 학습할 때에는 버전이 바뀌어 있을 수 있습니다. 이 경우에도 최저 3.x계열 패키지를 선택해주세요.

3. 인스톨러 구동

다운로드한 python-3.6.4-amd64.exe를 더블 클릭하면 1, 인스톨러가 구동됩니다.

4 인스톨러 실행

[Install Python 3.6.4 (64-bit)] 화면이 표시되면,
[Install launcher for all users(recommended)],
[Add Python 3.6 to PATH] 두 항목에 체크한
후❶, [Install Now]를 클릭합니다❷.

> **≫Tips**
>
> [Customize installation]은 설치할 기능, 설치할 위
> 치를 변경하고 싶을 때 사용합니다. 이 책에서는
> 표준 설치로 충분하므로 간단한 [Install Now]를
> 선택했습니다.

1 항목에 체크하기   **2** 클릭

5 인스톨러 종료

설치를 시작하면 사용자 계정 제어 화면이 표
시되는데, [예]를 클릭합니다.

　[Setup was successful] 화면이 표시되면 설치
를 종료합니다. [Close]를 클릭하여❶, 인스톨
러를 종료해주세요.

1 클릭

6 파워셸 구동

파이썬이 제대로 설치되었는지 확인합니다.
시작 부분을 우클릭하고❶, 표시된 메뉴에서
[Windows PowerShell]을 클릭합니다❷.

> **≫Tips**
>
> 메뉴에는 [Windows PowerShell]과 [Windows
> PowerShell(관리자)] 항목이 있는데, 이 책에서는
> [Windows PowerShell]을 선택합니다. 관리자 항
> 목은 관리자 고유의 기능을 이용하는 경우에만
> 필요합니다(이 책에서는 쓰지 않습니다).

2 클릭

1 우클릭

7 버전 확인

파워셸이 구동되면 'python'이라고 입력하고
[Enter]를 누릅니다**1**. 파이썬의 인터랙티브
셸이 구동되어 파이썬 버전이 표시되면 파이
썬이 올바르게 설치된 것입니다.

1 입력하고 [Enter]를 누른다

```
PS C:¥Users¥nami> python
Python 3.6.4 (v3.6.4:d48eceb, Dec 19 2017, 06:54:40) [MSC v.1900 64 bit (AMD64)]
on win32
Type "help", "copyright", "credits" or "license" for more information.
```

8 파이썬 인터랙티브셸 종료

'＞＞＞' 뒤에서 [Ctrl]+[Z]를 누른 후 [Enter]
를 누릅니다**1**. 파이썬 인터랙티브셸이 종료
되며 프롬프트도 'PS C:₩Users₩nami＞'로
바뀝니다.

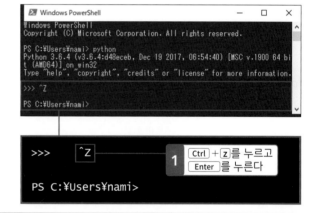

＞＞＞Tips

파이썬의 인터랙티브셸에 대한 자세한 내용은 제
3장에서 설명하겠습니다.

```
>>>         ^Z
```
1 [Ctrl]+[Z]를 누르고
[Enter]를 누른다
```
PS C:¥Users¥nami>
```

💬 **칼럼** ┃ **파워셸의 주의점**

파워셸(PowerShell)은 CLI(Command Line Interface)셸이라고 불리는 종류의 소프트웨어입니다. 커맨드
명령을 입력하여 컴퓨터를 조작할 수 있습니다. 커맨드는 [Enter]로 확정되고, 실행됩니다. **콘솔**이
라고 부르기도 합니다.

　주의해야 할 점은 커맨드는 모두 반각문자로 입력해야 한다는 것입니다.

　또한 'PS C:₩Users₩nami＞'에서 'nami' 부분은 사용자의 이름에 따라서 바뀝니다. 사용하는
유저명이 된다고 생각하면 됩니다.

　그리고 파워셸은 Windows 10 Creators Update부터 표준이 되었습니다. 이전 버전에서는 커맨드
프롬프트가 표준입니다. 메뉴에 파워셸이 표시되지 않으므로, 시작 메뉴에서 파워셸을 찾아 선택해
주세요.

1 다운로드 페이지에 접속

웹에서 파이썬 공식 페이지(https://www.
python.org/downloads/)에 접속합니다.
[Download Python 3.6.4] 링크를 클릭해❶,
파일을 다운로드합니다.

>>> Tips

파이썬은 수시로 버전이 업데이트되므로, 여러분
이 학습할 때에는 버전이 바뀌어 있을 수 있습니
다. 이 경우에도 최저 3.x계열 패키지를 선택해주
세요.

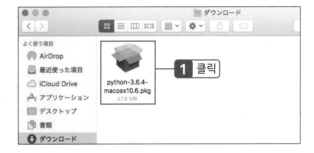

2 인스톨러 구동

Finder에서 [다운로드] 폴더를 표시, 다운로드
된 [python-3.6.4-macosx10.6.pkg]를 더블클
릭하면❶, 인스톨러가 구동됩니다.

3 인스톨러 실행

[Python 설치] 화면이 나타나면 [계속]을 클릭
합니다❶. 이어서 화면 내용을 확인하면서 [계
속]을 클릭해나갑니다.

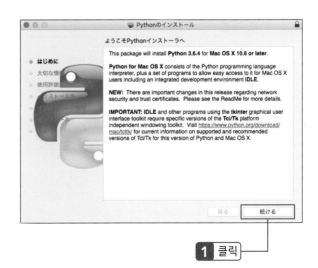

④ 설치 위치 선택

소프트웨어 사용 계약 조건과 관련된 화면이
표시되면 [동의]를 클릭합니다.

　설치 위치를 선택하는 화면이 표시되면 설
치 위치(여기에서는 'MacintoshHD')를 클릭
하고❶, [계속]을 클릭합니다❷.

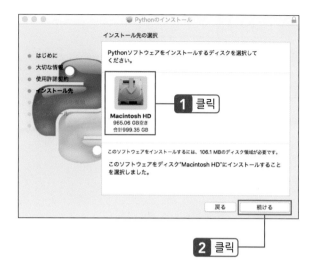

⑤ 설치

[설치]를 클릭합니다❶. 유저명과 패스워드를
입력하는 화면이 표시되면 패스워드를 입력하
고, [소프트웨어를 설치]를 클릭합니다.

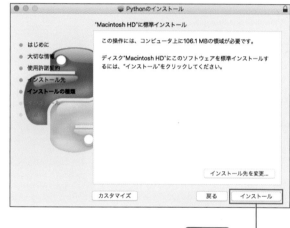

⑥ 설치 종료

[설치가 완료되었습니다]라고 표시되면 [닫기]
를 클릭합니다❶.

7 터미널 구동

파이썬이 제대로 설치되었는지 확인해봅시다.
[애플리케이션] 폴더 안의 [유틸리티] 폴더를
열어 [터미널]을 더블클릭합니다 **1**.

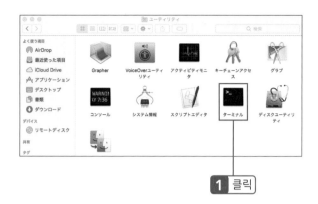

1 클릭

8 버전 확인

터미널이 구동되면 'python'을 입력하고
`Enter`를 누릅니다 **1**. 파이썬 버전이 표시되
면 파이썬이 제대로 설치된 것입니다.

1 입력하고 `Enter`를 누른다

```
Taro-no-Mac-mini:~ nami$ python3
Python 3.6.4 (v3.6.4:d48ecebad5, Dec 18 2017, 21:07:28)
[GCC 4.2.1 (Apple Inc. Build 5666) (dot 3)] on darwin
Type "help", "copyright", "credits" or "license" for more information.
```

9 파이썬 인터랙티브셀 종료

'＞＞＞' 뒤에서 `Ctrl`+`z`를 누릅니다 **1**. 파
이썬셀이 종료되고 프롬프트도 바뀝니다.

1 `Ctrl`+`z`를 누른다

```
>>> 
[1]+  Stopped                 python3
Taro-no-Mac-mini:~ nami$
```

이해 | 파이썬 패키지를 이해하자 ⟩⟩⟩

⟩⟩⟩ 파이썬 디스트리뷰션 ···

파이썬에는 공식 사이트에서 제공되는 표준 패키지 외에도 특정 용도를 위한 기능을 추가한 패키지가 준비되어 있습니다.

Anaconda
- 과학기술, 수학, 데이터 분석용 모듈, 패키지 매니저 conda를 일괄 설치
- 상업적 이용도 가능

WinPython
- Windows 전용
- 과학기술 계산에 필요한 모듈 포함
- USB에 저장해서 휴대 가능

ActivePython
- Windows, macOS, Linux 등 멀티 플랫폼에서 설치 가능
- 각종 도큐먼트 포함

Enthought Canopy
- 데이터 사이언티스트를 위한 과학기술 계산 패키지
- 무상으로 이용 가능

이와 같은 패키지를 **파이썬 디스트리뷰션**이라고 합니다. 유명한 것으로는 위와 같은 것들이 있습니다. 이 책을 읽은 후 실제로 개발을 진행할 때에는 이들 디스트리뷰션을 사용하는 것을 검토해보는 것도 좋을 것입니다.

정리

- ◉ 파이썬 프로그램을 실행하기 위해서는 파이썬 실행 환경을 설치해야 한다.
- ◉ 파이썬에는 기본 패키지 이외에도 특정 용도를 위한 패키지가 있다. 이를 파이썬 디스트리뷰션이라고 한다.

Visual Studio Code 설치하기

완성파일 | 없음

 예습 | 파이썬 프로그래밍을 위한 환경

이제 파이썬에서 프로그램을 작성하기 위해 필요한 것은 **텍스트 에디터**(코드 작성에 보다 특화된 것을 가리켜 **코드 에디터**라고 부르는 경우도 있습니다)입니다. 텍스트 에디터란, 말하자면 텍스트를 편집하기 위한 툴입니다. Windows에서는 표준 툴로 '메모장'이, macOS의 경우 '텍스트 편집기'가 있는데, 최소한의 기능만 탑재되어 있어 프로그래밍에는 적합하지 않습니다.

따라서 이 책에서는 최근 프로그래머들 사이에서도 인기가 높은 Visual Studio Code를 사용하기로 합니다. Windows, Linux, macOS 등 멀티플랫폼을 지원하며, 플러그인을 추가하여 다양한 프로그래밍 언어를 위한 에디터로 쓸 수 있습니다.

또한 이 책은 Windows 10 64bit 환경의 버전 1.20.1을 기준으로 하고 있습니다. 다른 버전을 사용하는 경우 조작이 달라질 수 있으니 유의하시기 바랍니다. macOS High Sierra 환경에 대해서는 30쪽 이후에 설명하므로 참고하시기 바랍니다.

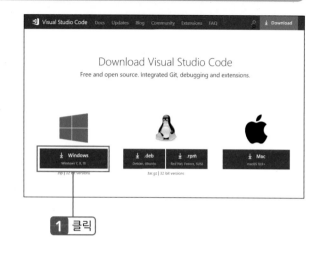

체험 | Windows 환경에 설치하기 　　》》》

1 인스톨러 다운로드

Microsoft Edge 등의 웹브라우저에서 Visual Studio Code 다운로드 페이지(https://code. visualstudio.com/download)에 접속합니다. 화면 좌측의 [Windows]를 클릭해❶ [VSCodeSetup-x64-1.20.1.exe]를 다운로드합니다.

>>> **Tips**

Visual Studio Code는 수시로 버전이 업데이트되므로, 여러분이 학습할 때에는 버전이 바뀌어 있을 수 있습니다. 버전을 감안하여 참조해주세요.

2 인스톨러 구동

다운로드한 VSCodeSetup-x64-1.20.1.exe를 더블클릭하면❶, 인스톨러가 구동됩니다. 사용자 계정 제어 화면이 표시되면 [예]를 클릭합니다.

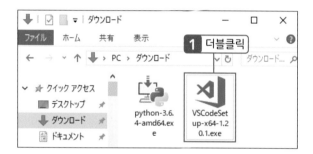

3 인스톨러 실행

[Visual Studio Code 설치 마법사] 화면이 표시되면 [다음]을 클릭합니다❶.

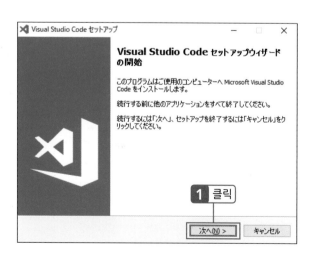

4 사용권 계약에 동의

[사용권 계약] 화면이 표시됩니다. 내용을 확인한 후 [동의합니다]를 선택하고 **1**, [다음]을 클릭합니다 **2**.

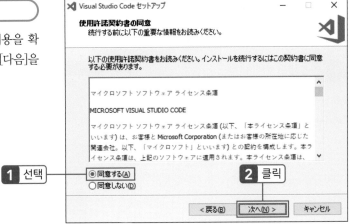

5 설치 폴더 선택

[설치 위치 선택] 화면이 표시되면 설치할 위치를 지정합니다. 이 책에서는 디폴트인 [C:\Program Files\Microsoft VS Code]인 채로 두고 [다음]을 클릭합니다 **1**.

>>> **Tips**

이후의 설정은 모두 디폴트인 채로 진행하므로, [다음]을 클릭해 다음 화면으로 넘겨주세요.

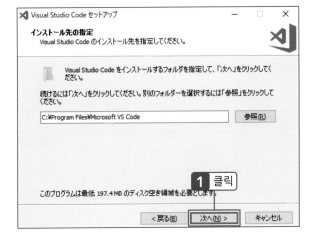

6 설치 시작

[설치 준비 완료] 화면이 표시되면 [설치]를 클릭 **1**, 설치를 시작합니다. 진행 상황이 표시되며 몇 분 정도 후에 설치가 완료됩니다.

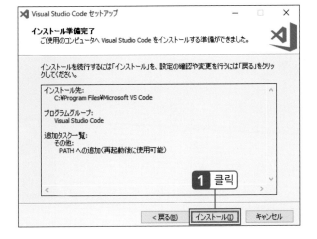

7 설치 종료

[Visual Studio Code 설치 마법사 완료] 화면
이 표시됩니다. [Visual Studio Code를 실행하
기]를 체크하고 **1**, [완료]를 클릭합니다 **2**. 이
것으로 설치는 종료됩니다.

8 확장 기능 설치

설치가 끝나면 VSCode가 구동됩니다. 화면
좌측 액티비티바에서 (확장 기능)을 클릭하
면 **1**, 확장 기능 칸이 나타납니다. 위쪽 검색
란에 'Python'을 입력하면 **2**, 파이썬 관련 확
장 기능 리스트가 표시되는데, 이 중 'Python'
항목의 [설치]를 클릭합니다 **3**.

> **>>> Tips**
>
> Git 관련 경고가 뜨는 경우에는 [앞으로는 표시하
> 지 않음]을 클릭해주세요. 이 책에서는 Git(소스코
> 드 버전 관리 시스템)는 사용하지 않습니다. 또한
> 화면 아래 칸도 ✕(닫기)를 눌러 닫아주세요.

9 확장 기능 사용

설치에 성공한 후, [새로고침]을 클릭하면 **1**,
확장 기능이 적용됩니다.

1 인스톨러 다운로드

macOS에서는 Safari 등의 웹브라우저로 Visual Studio Code 다운로드 페이지(https://code. visualstudio.com/download)에 접속합니다. 화면 우측 [Mac]을 클릭해❶, 인스톨러를 다운로드합니다.

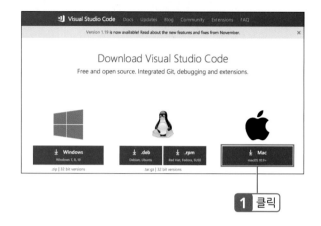

2 인스톨러 구동

Finder에서 [다운로드] 폴더를 열고, 다운로드한 [Visual Studio Code]를 더블클릭합니다❶.

>>> Tips
다운로드한 파일은 [VSCode-darwin-stable.zip] 등의 다른 파일명으로 표시되는 경우도 있습니다.

3 인스톨러 실행

"Visual Studio Code는 인터넷에서 다운로드받은 애플리케이션입니다. 열어보시겠습니까?"가 표시되면 [열기]를 클릭합니다❶.

④ 구동 확인

인스톨러를 종료하면 Visual Studio Code가 구동됩니다. 그림과 같이 표시되면 설치에 성공한 것입니다.

> **≫ Tips**
>
> 앱이 구동되지 않는 경우에는 압축 해제된 파일을 [애플리케이션] 폴더로 이동시켜 더블클릭해서 구동합니다.

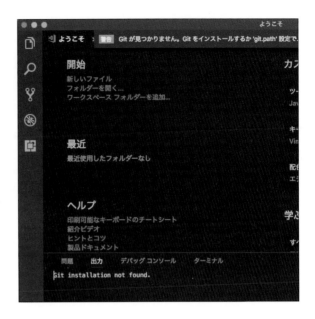

⑤ 확장 기능 설치

화면 좌측 액티비티바에서 ☐(확장 기능)을 클릭하면❶, 확장 기능 리스트가 나타납니다.

⑥ 'Python' 검색

위쪽 검색란에 'Python'을 입력합니다❶. 파이썬 관련 확장 기능 리스트가 표시되면 [Python] 항목의 [설치]를 클릭합니다❷.

설치에 성공한 후 [새로고침]을 클릭하면 ❶, 확장 기능이 적용됩니다.

8 확인

메뉴에서 [Code]-[기본설정]-[설정]을 선택합니다 ❶.

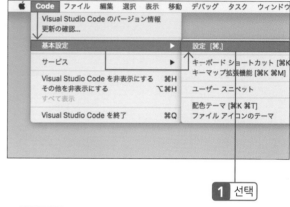

9 경로 설정

'pythonpath'를 입력 ❶, 설정 방법을 확인합니다 ❷. '"python.pythonPath": "python3"'라고 입력합니다 ❸. Visual Studio Code를 일단 종료합니다. 종료할 때 "setting.json에 추가된 변경사항을 저장하시겠습니까?"라는 대화창이 뜨면 [저장]을 클릭합니다.

>>> Tips

파이썬이 설치된 위치를 확인하려면 터미널에 'which python3'를 입력합니다. 오른쪽의 python3 대신 '"python.pythonPath": "/Library/Frameworks/Python.framework/Version/3.6/bin/python3"'와 같이, 표시된 경로를 입력할 수도 있습니다.

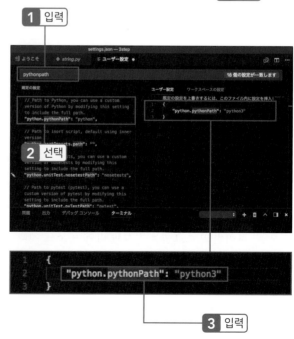

⟩⟩⟩ 다양한 파이썬의 개발 환경 ·············

이 책에서는 파이썬의 개발 환경으로 Visual Studio Code(이후, VSCode)를 기준으로 설명하고 있지만, 물론 VSCode가 유일한 개발 환경은 아닙니다. 여기에 주요 환경을 정리하였습니다.

① IDLE

파이썬 표준 패키지에 탑재되어 있는 개발 환경입니다. 코드 에디터부터 간단한 디버그 환경까지 갖추고 있으며, 설치한 직후 파이썬에 대해 간단히 살펴보려는 입문자에게 추천합니다.

② Sublime Text / Atom / Brackets

모두 VSCode와 같은 범용 코드 에디터입니다. 파이썬에만 특화되어 있지 않아, 여러 용도로 활용할 수 있습니다. 마음에 드는 것을 하나 골라두면 두고두고 유용하게 쓰입니다.

③ Eclipse + PyDev

Java 언어 개발 환경으로도 유명한 Eclipse와 그 플러그인인 PyDev입니다. 코드 에디터가 아니라, 프로젝트 관리부터 디버그, 기타 툴을 완비한 통합 개발 환경(Integrated Development Environment, IDE)이라고 하는 소프트웨어입니다. 보다 복잡한 개발에 도전할 때에는 이와 같은 IDE 사용을 검토하는 것이 좋습니다.

정리

- 파이썬 프로그램을 작성할 때에는 코드 에디터를 이용한다.
- Visual Studio Code(VSCode)는 Windows / macOS / Linux 등의 환경에서 동작하는 코드 에디터이다.
- VSCode에 확장 기능을 추가함으로써 파이썬 개발 환경을 구축할 수 있다.

3 학습을 위한 준비

완성파일 | 없음

 예습 **학습을 위한 환경 구축하기**

다음 장부터는 준비한 개발/실행 환경을 이용하여 파이썬을 사용해 프로그래밍을 진행하게 됩니다. 학습을 시작하기 전에 이번 절에서 먼저, 이 책에서 사용하는 샘플 프로그램을 다운로드하여 내용을 확인해보겠습니다.

이후 장부터 여기에서 만든 폴더 안에 생성한 파일들을 저장할 것입니다. 또한 스스로 작성한 프로그램이 동작하지 않는 경우에도 미리 완성파일을 준비해두었으므로, 대조해보면서 원활하게 학습을 진행해나갈 수 있을 것입니다.

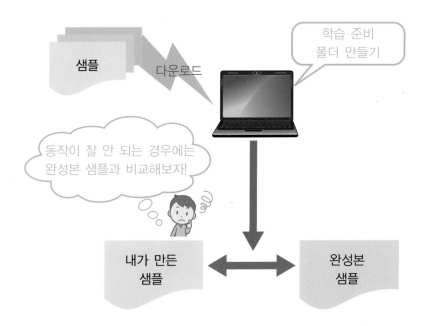

1 샘플 파일 다운로드

웹브라우저에서 이 책의 서포트 페이지 http://gihyo.jp/book/2018/978-4-7741-9763-0/support/에 접속하여 샘플 파일을 다운로드합니다. 다운로드한 [samples.zip]은 원하는 폴더에 압축을 해제해주세요.

http://gihyo.jp/book/2018/978-4-7741-9763-0/support/

2 작업용 폴더 복사하기

다운로드 파일을 압축 해제해서 생긴 [3step] 폴더를 끌어다 놓기로 **1** C드라이브(C:₩)에 복사합니다.

>>> **Tips**

Mac은 [유저] 폴더로 이동합니다.

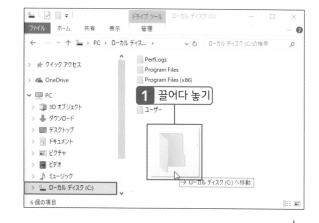

3 VSCode 시작

시작 메뉴에서 [Visual Studio Code]-[Visual Studio Code]를 선택합니다**1**. 앞 항과 마찬가지로 VSCode가 켜집니다.

>>> **Tips**

Mac은 [애플리케이션] 폴더의 'Visual Studio Code' 아이콘을 더블클릭합니다.

4 작업용 폴더 열기

메뉴에서 [파일]-[폴더 열기]를 선택합니다 1.

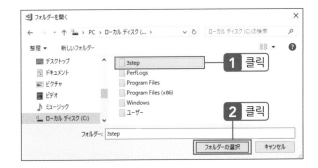

5 폴더 선택

[C:₩3step] 폴더를 선택하고 1, [폴더 선택]을 클릭합니다 2.

>>> **Tips**

Mac은 [유저] 폴더의 [3step] 폴더를 선택합니다.

6 연 폴더 확인하기

오른쪽과 같이 [3step] 폴더 내용이 [탐색기] 아래에 표시되는 것을 확인합니다 1. VSCode의 오른쪽 위 ✕를 클릭해 종료합니다.

>>> **Tips**

폴더가 열려 있는 상태에서 VSCode를 종료하면 다음에 시작할 때에도 해당 폴더가 열려 있는 채로 켜집니다.

>>> **Tips**

자주 쓰는 툴은 작업표시줄에서 바로 시작할 수 있게 해두면 편리합니다. 작업표시줄에 떠 있는 탭(여기에서는 VSCode)을 우클릭한 후, 표시된 메뉴에서 [이 프로그램을 작업표시줄에 고정]을 선택하세요. 이렇게 해두면 작업표시줄에서 바로 VSCode를 시작할 수 있습니다.

다운로드한 샘플의 압축을 풀면 [samples] 폴더 아래에는 [3step] 폴더와 [complete] 폴더가 만들어집니다.

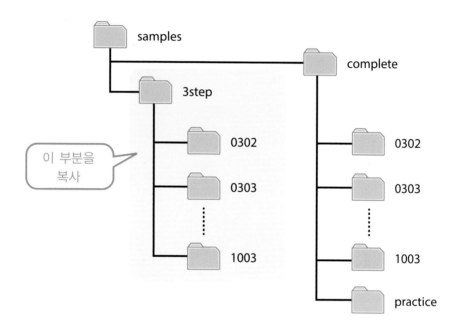

　학습에 사용하는 것은 [3step] 폴더입니다. 절마다 폴더가 생성되어 있으므로 각각의 체험에서 만든 파일은 정해진 폴더에 저장하도록 합시다(예를 들어 3장 2절인 경우에는 [0302] 폴더에 저장합니다).
　[complete] 폴더는 완성된 샘플을 보관해둔 폴더입니다. 자신이 만든 프로그램이 제대로 동작하지 않는 경우에는 완성파일과 내용을 비교해보면서 틀린 점을 찾기 쉬울 것입니다. 폴더 구조는 [3step] 폴더와 같습니다.

정리

- ◉ 이 책에서 작성한 코드는 [3step] 폴더 안에 저장한다.
- ◉ 완성파일은 [complete] 폴더에 들어있으므로, 동작이 잘 되지 않는 경우에 참조!

■ 문제 1

다음은 파이썬의 실행/개발 환경에 대해 설명한 것입니다. 맞는 것에는 ○, 틀린 것에는 ×를 기입하세요.

(   ) 파이썬을 사용하기 위해서는 공식 사이트에서 제공하는 표준 패키지를 설치하는 것이 필수다.

(   ) 파이썬을 사용해 프로그램을 작성하기 위해서는 전용 개발 환경이 필요하다.

(   ) Visual Studio Code는 Windows 환경에서만 사용할 수 있는 코드 에디터이다.

(   ) 파이썬 표준 패키지에는 IDLE이라고 하는 간이 개발 환경이 포함되어 있다.

■ 문제 2

커맨드라인에서 현재 사용하고 있는 파이썬 버전을 확인해봅시다.

처음 시작하는 파이썬

1 파이썬과 대화하기

완성파일 │ 없음

 예습 | **파이썬의 코드를 커맨드라인에서 실행하기**

파이썬에서 간단한 코드를 실행할 때 편리한 것이 **파이썬 인터랙티브셸**(이후, 파이썬셸)이라고 하는 기능입니다. 파이썬셸은 파워셸처럼 콘솔상에서 동작하는 커맨드라인 툴입니다. 입력한 커맨드를 즉시 실행하여 그 결과를 알려주는 형식이 마치 사람과 파이썬이 대화를 나누는 것처럼 보이므로 **대화형** 툴이라고 부르기도 합니다.

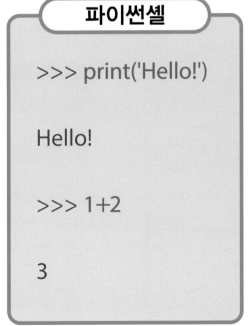

체험 | 파이썬셀에 커맨드 입력하기 >>>

1 파워셀 열기

시작 메뉴에서 우클릭1, 표시된 메뉴에서
[Windows PowerShell]을 클릭합니다2.

> **>>>Tips**
> ----------
> Mac은 [애플리케이션] 폴더 안의 [유틸리티] 폴더
> 의 '터미널'을 더블클릭합니다.

2 클릭

1 우클릭

2 파이썬셀 열기

파워셀 창이 열리면, 'python'이라고 입력하
고 Enter 를 누릅니다1. 버전 정보가 표시
된 후, '>>>'라는 프롬프트(대기)가 표시되
면 파이썬셀이 정상적으로 열린 것입니다.

> **>>>Tips**
> ----------
> Mac의 경우 'python3'라고 입력하세요. 이후에
> 도 모두 동일합니다.

1 입력하고 Enter 를 누른다

```
PS C:\Users\nami> python
Python 3.6.4 (v3.6.4:d48eceb, Dec 19 2017, 06:54:40) [MSC v.1900 64 bit (AMD64)]
on win32
Type "help", "copyright", "credits" or "license" for more information.

>>>
```

③ 간단한 계산 실행

파이썬셸에서는 '＞＞＞' 뒤에 파이썬 명령을 입력합니다. 여기에서는 '1＋2'라고 입력하고 Enter 를 누릅니다❶. 실행 결과로 '3'이 표시됩니다.

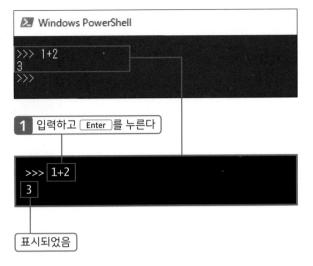

1 입력하고 Enter 를 누른다

표시되었음

④ 계산 결과 표시

③번과 마찬가지로 '＞＞＞' 뒤에 '1＋2＊5'를 입력하고 Enter 를 누릅니다❶.
실행 결과로 '11'이 표시됩니다.

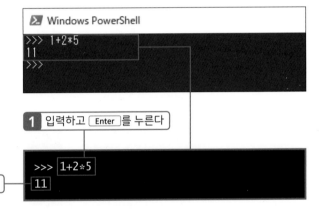

1 입력하고 Enter 를 누른다

표시되었음

⑤ 파이썬셸 종료

'＞＞＞' 뒤에서 Ctrl ＋ z 를 누르고 Enter 를 누릅니다❶(Mac은 엔터를 누를 필요가 없습니다).
파이썬셸이 종료되고, 'PS C:\Users\nami＞'로 프롬프트가 바뀝니다.

>>> Tips
파이썬셸을 종료할 때에는 'exit( )'라고 입력해도 상관없습니다. 이때 ( )는 생략하면 안 되므로 주의하세요.

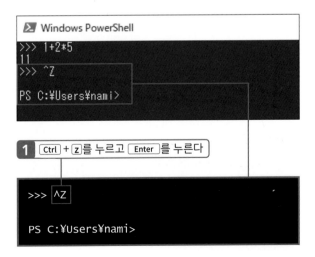

1 Ctrl ＋ z 를 누르고 Enter 를 누른다

이해 커맨드라인에서의 실행 순서를 이해하기 〉〉〉

〉〉〉 파이썬의 실행 방법 ·······················

파이썬 코드를 실행하는 방법은 크게 ① 파이썬셸에서 실행하기, ② .py 파일로 묶어서 실행하기로 나눌 수 있습니다.

① 파이썬셸에서 실행

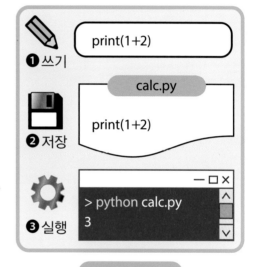

② .py 파일을 실행

체험에서도 설명한 것처럼 파이썬셸은 명령어 하나하나에 대하여 즉시 결과를 돌려주므로, 간단한 코드를 그 자리에서 바로 확인하고 싶은 경우에는 편리합니다. 단, 매번 입력해야 하므로 행이 많은 긴 코드, 또는 반복해서 사용하는 명령을 실행하는 데에는 적합하지 않습니다.

이런 경우에는 명령을 파일로 묶어서 실행하는 ②번의 방법을 추천합니다. 이 방법은 다음 절에서 설명하겠습니다.

일반적인 앱은 ②번 방법으로 실행되지만, 학습 과정에서는 ①번 방법도 자주 쓰이므로 기억해두 면 편리할 것입니다.

파이썬셸과 같은 툴(환경)을 가리켜, REPL(Read Eval Print Loop)이라고 부르기도 합니다.

'명령을 읽고(Read), 평가하고(Eval), 결과를 표시하는(Print) 것을 반복한다(Loop).' 이를 수행하는 툴이라는 뜻입니다.

>>> 파이썬에서 사칙연산 실행하기 ···

파이썬은 수치를 계산(연산)하기 위한 기능을 갖고 있습니다. 이때 이용하는 기호를 가리켜 연산자라고 합니다. 자주 쓰이는 연산자는 다음과 같습니다.

연산자	개요
+	더하기
−	빼기
*	곱하기
/	나누기
%	나누기의 나머지 구하기

'+'나 '−'는 일반 산수에서도 자주 보던 것이지만 곱하기는 '*'(별표), 나누기는 '/'(슬래시)로, 산수와 모든 것이 동일하지는 않다는 점을 주의할 필요가 있습니다.

또한 연산자에는 산수와 관련된 것 외에도 문자열을 연결하거나, 논리연산(6-5)을 실행하는 것 등 다양한 것들이 존재합니다. 이에 대해서는 필요할 때마다 하나씩 살펴보도록 합시다.

>>> 연산자의 우선순위 ···

간단한 산수 문제입니다. 다음 식의 답은 얼마일까요?

```
5+3×4
```

32라고 답한 사람은 없겠지요. 17이 정답입니다. 산수는 덧셈보다 곱셈을 먼저 계산합니다. 따라서 '5+3×4'는 '5+12'이므로, 17이 됩니다.

이와 마찬가지로 파이썬의 연산자에도 우선순위가 있습니다. **체험❹**를 다시 봅시다. '1+2*5'는 먼저 곱하기를 실행해서 '1+10'이 되고, 결과로 '11'이 얻어졌습니다.

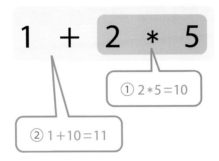

사칙연산과 관련된 연산자는 산수와 우선순위가 동일하므로 헷갈릴 필요는 없습니다. 만약 우선순위를 잘 모르는 경우라면 괄호를 사용해도 됩니다.

```
1+2*5 ⟺ 1+(2*5)
```

괄호로 둘러싸인 부분이 우선적으로 연산되므로, 두 식은 같은 의미입니다.

정리

◉ 간단한 코드를 즉시 실행할 때에는 파이썬셸을 사용한다.

◉ 값을 계산, 가공하기 위한 기호를 '연산자'라고 한다.

◉ 연산자는 우선순위에 따라서 순서대로 처리된다.

2 스크립트 파일 실행하기

완성파일 | 📁 [0302] → 📄 [basic.py]

 예습 **파이썬 코드를 파일로 만들기** ▶▶▶

파이썬셸이 하나의 명령을 바로 실행하기에 적합한 데 반해, 여러 행의 명령을 한꺼번에 실행하는 경우에는 파일로 만들어서 실행하는 것이 좋습니다. 명령을 파일로 만들어 저장해두면 같은 명령을 간단하게 실행할 수 있습니다.

파이썬셸이 파이썬에 대해 구두로 매번 지시를 내리는 것이라면, 스크립트 파일은 미리 지시서(매뉴얼)를 만들어두는 것이라고 생각하면 됩니다.

파이썬셸
명령을 하나씩 지시, 실행

.py 파일
여러 개의 명령을
파일로 묶어서 실행

체험 | 파이썬 파일 생성/실행하기

1 학습용 폴더 열기

36쪽 순서에 따라서 VSCode에서 [C:₩3step] 폴더를 엽니다 **1**.

>>> Tips

2-3에서 [3step] 폴더를 열었던 상태 그대로 VSCode를 닫았다면, 다시 켰을 때에도 [3step] 폴더가 이미 열려 있을 것입니다.

>>> Tips

처음에 표시되는 '시작'을 지우려면 바로 옆의 **x**(닫기)를 클릭합니다.

2 새 파일 만들기

[탐색기]에서 [0302] 폴더를 선택하고 **1**, ▣ (새 파일)을 클릭합니다 **2**. 파일명 입력을 요구하는 칸이 나타나면 'basic.py'라고 입력하고 Enter 를 누릅니다 **3**.

>>> Tips

'.py'는 파일을 식별하기 위한 확장자입니다. 엑셀 파일은 '.xlsx', 음성 파일은 '.mp3' 등으로 표시되는 것을 본 적이 있을 것입니다. 파이썬에서는 일반적으로 '.py'가 사용됩니다.

>>> Tips

'Linter pylint is not installed.'라는 경고가 뜨는 경우에는 'Disable linting'을 클릭해주세요. 이 책에서는 pylint(코드 문법 체크 등을 수행하는 툴)는 사용하지 않습니다.

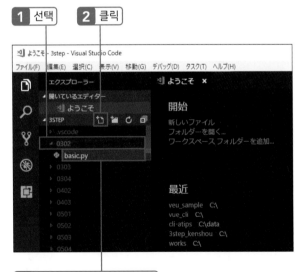

3 코드 입력

basic.py가 만들어지고, 비어 있는 에디터가 구동됩니다. 여기에 오른쪽과 같이 코드를 입력합니다**1**.

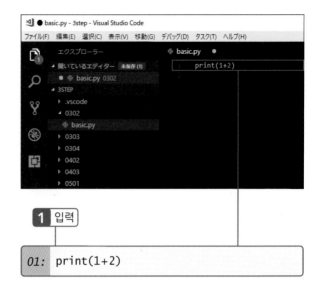

1 입력

```
01:  print(1+2)
```

4 파일 형식과 문자코드 확인

에디터 오른쪽 아래에 그림과 같이 표시되는지 확인해주세요**1**. 이것은 이 파일이 'UTF-8'이라는 문자코드로 만들어졌다는 것을 나타냅니다.

1 확인

1 클릭

5 파일 저장

[탐색기]에서 ▣(모두저장)을 클릭하면**1**, 현재 편집 중인 모든 파일이 저장됩니다.

>>>Tips

미저장 파일에는 에디터 탭에 ● 마크가 붙어 있습니다. 파일을 실행하기 전에 ●이 없어졌는지(＝파일이 저장되어 있는지) 확인하도록 합시다.

6 터미널 표시

메뉴에서 [보기]-[터미널]을 선택합니다 **1**.

1 선택

7 코드 실행

에디터 아래에 [터미널]이 열리면 오른쪽과 같이 커맨드를 입력합니다 **1**. '3'이라는 결과가 표시됩니다.

>>> **Tips**

터미널은 이용하고 있는 환경에 따라서 각각 다른 콘솔을 열게 됩니다. Windows 10 환경이면 파워셸을, macOS 환경에서는 터미널을 엽니다. Mac에서는 'python3 0302/basic.py'라고 입력합니다.

>>> **Tips**

터미널을 닫으려면 ✖(닫기)를 클릭하세요. 내용을 지우고 닫으려면 🗑(터미널 강제종료)를 클릭하면 됩니다.

>>> **Tips**

파일을 닫을 때에는 에디터 탭에 표시되어 있는 ✖를 클릭합니다.

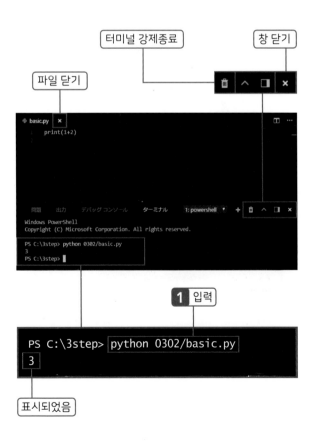

터미널 강제종료   창 닫기

파일 닫기

1 입력

PS C:\3step> python 0302/basic.py

3

표시되었음

이해 **파이썬 파일 실행 방법 이해하기**

>>> 파이썬 파일 실행하기 ···

파이썬 파일을 실행할 때에는 python 커맨드(Mac의 경우 python3 커맨드)를 사용합니다.

[구문]

> python　파일명

체험⑦에서 '0302/basic.py'라고 입력한 것은, [0302] 폴더 아래의 basic.py를 실행하라는 뜻입니다. 파일명이 생략된 python 커맨드는 파이썬셸을 여는 것이었습니다(3-1).

명령어로 지정하는 경로는 현재 폴더(current folder)가 기준이 됩니다. 현재 폴더는 프롬프트 표시로 확인할 수 있습니다.

체험의 예에서는 'C:₩3step'이 현재 폴더이므로 '이를 기준으로 [0302] 폴더 아래에 basic.py라는 파일을 여시오.'라는 의미가 됩니다. 또한 Mac의 경우에는 [유저] 폴더가 기준이 되므로, '/Users/유저명/3step/0302/basic.py'가 됩니다.

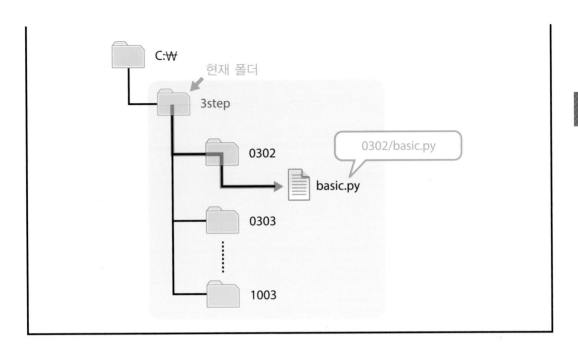

>>> 파이썬 파일 실행하기(VSCode 고유의 방법) ....

VSCode에서는 더 간단하게 파이썬 파일을
실행할 수 있습니다. [탐색기]에서 실행하
려는 파일(여기에서는 basic.py)을 우클릭하
고 **1**, 표시된 메뉴에서 [Run Python File in
Terminal]을 선택합니다 **2**.

터미널이 열리면 체험에서와 마찬가지로 파
이썬 파일을 실행한 결과가 표시되는 것을 확
인할 수 있습니다.

터미널에 표시된 '& python c: \ 3step \
0302 \ basic.py'는, VSCode가 자동으로 생성
한 커맨드입니다.

> **>>> Tips**
>
> VSCode 버전에 따라서는 폴더를 구분하는 문
> 자가 '/'인 경우도 있습니다. 위 예의 경우 '&
> python c:/3step/0302/basic.py'라고 표시되기
> 도 합니다.

표시되었음

VSCode상에서는 경로 구분 문자가 ₩(통화 기호)가 아닌 \ (백슬래시)로 표시됩니다. Windows 환경에서는 백슬래시는 ₩로 표시되는 경우가 많지만(예를 들어 파워셸에서는 통화 기호로 표시됨), 환경에 따라서는 이처럼 백슬래시로 표시되는 경우도 있습니다. MacOS 환경은 기본적으로 백슬래시로 표시됩니다.

>>> 문자코드는 UTF-8 ·······················

문자코드란, 컴퓨터에서 문자를 표시하는 규칙입니다. 예를 들어 '木'은 E69CA8, '花'는 E88AB1인 것처럼, 문자와 코드의 대응 관계가 미리 정해져 있습니다.

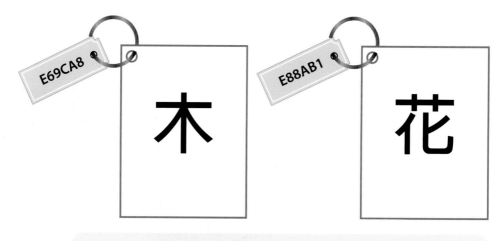

문자코드 = 컴퓨터에서 문자를 표시하는 규칙(번호)

　문자코드에는 Windows에서 사용되는 Shift-JIS(일본어의 경우)와 국제화 대응이 뛰어난 UTF-8, 이메일에서 사용되는 JIS(ISO-2022-JP)(일본어의 경우) 등 다양한 종류가 있습니다. 파이썬 표준 문자코드는 UTF-8입니다.

　다른 문자코드도 쓸 수는 있지만, 명시적으로 문자코드를 선언해야 할 필요가 있으며 이 때문에 오류가 발생하므로 굳이 다른 문자코드를 사용하는 장점이 없습니다. 특별한 이유가 없는 한, UTF-8을 사용하도록 합시다. 파이썬에 설정된 문자코드와 실제로 사용하는 문자코드가 일치하지 않는 경우에는 코드가 실행되지 않거나 문자가 제대로 표시되지 않는 현상(문자 깨짐)이 발생합니다.

>>> 값을 화면에 출력하는 print ·····································

basic.py에서 보았던 print는 파이썬에서 특히 자주 쓰이는 명령입니다. 괄호 안에 값을 주면 그에 대한 결과를 표시합니다.

[구문] print

```
print(식)
```

예를 들어 체험❸에서는 'print(1+2)'라고 했으므로, 계산 결과인 '3'을 표시했습니다. 참고로 파이썬셸에서도 print는 쓸 수 있습니다. 단, 파이썬셸의 경우 주어진 식의 결과만 그대로 표시하기 때문에 앞에서는 생략했습니다.

```
>>> print(1+2)
3
```

💬 칼럼 │ 함수

특정한 형식의 처리를 묶어놓은 것을 가리켜 **함수**라고 합니다. print는 '값을 표시한다'는 기능을 가진 함수의 한 종류이기도 합니다.

또한 함수는 파이썬에서 기본적으로 제공하는 것과, 여러분이 직접 만드는 것으로 분류할 수 있습니다. 전자를 **내장함수**, 후자를 **사용자 정의 함수**라고 합니다.

사용자 정의 함수에 대해서는 **9-1**에서 다시 설명하며, 이 책에서 앞으로 당분간은 내장함수를 주로 다루게 됩니다.

정리

- ● 파이썬 코드를 실행하려면 파이썬 명령어를 사용한다.
- ● 파이썬 표준 문자코드는 UTF-8이다.
- ● 값을 표시할 때에는 print 함수를 사용한다.

3 문자열 다루기

완성파일 | 📁 [0303] → 📄 [string.py]

 예습 **파이썬에서 문자열 취급하기**

앞에서는 수치를 계산하고 표시하는 프로그램에 대해 설명했습니다. 하지만 프로그램에서 다루는 값에는 물론 숫자만 있는 것이 아닙니다. 문자열이나 날짜, 진리값(True, False로 구성되는 값) 등 다양합니다. 이들 값의 표시법, 사용법을 익혀나가는 것도 프로그래밍 학습의 일환입니다.

물론 이것들을 한꺼번에 다 다룰 수는 없습니다. 이번 절에서는 수치와 함께 가장 자주 사용하는 문자열을 파이썬에서 어떻게 다루는지 배우도록 하겠습니다. **문자열**이란, 이름 그대로 한 개 이상의 문자가 나열된 것(단어, 문장)을 말합니다.

문자열

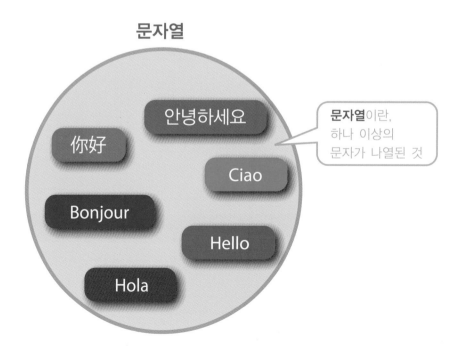

문자열이란,
하나 이상의
문자가 나열된 것

체험 | 파이썬에서 문자열 조작하기

1 신규 파일 생성

47쪽 순서에 따라 [0303] 폴더에 'string.py'라
는 이름으로 파일을 생성합니다. 에디터가 열
리면 오른쪽과 같이 코드를 입력합니다. 그냥
문자열**1**, 큰따옴표가 들어간 문자열**2**, 복수
의 값**3**을 각각 입력합니다.

입력이 끝나면 ▣(모두저장)으로 저장하
세요.

```
01:  print('안녕하세요, Python!') ──1
02:  print('Hello, "GREAT" Python!!') ──2
03:  print('올해로',18,'세입니다. 성인까지',20-18,'년 남았어요. 빨리 어른이 되고 싶어요.') ──3
```

> **》》Tips**
>
> 긴 코드는 보기 불편하므로 오른쪽 끝에서 줄 바꾸기를
> 하면 보기 편해집니다. [보기] 메뉴에서 [자동 줄 바꿈 설
> 정/해제]를 클릭, 줄 바꾸기를 적용합시다.

2 코드 실행

[탐색기]에서 string.py를 우클릭하고**1**, 표시
된 메뉴에서 [Run Python File in Terminal]을
선택합니다**2**. 파일이 실행되어 오른쪽과 같
은 결과가 표시됩니다.

```
PS C:\3step> & python c:\3step\0303\string.py
안녕하세요, Python!
Hello, "GREAT" Python!!
올해로 18 세 입니다. 성인까지 2 년 남았어요. 빨리 어른이 되고 싶어요.
```

표시되었음

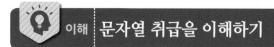

>>> 코드 안에서 문자열 나타내기 ······························

문자열을 나타낼 때에는 앞뒤를 큰따옴표(")로, 또는 작은따옴표(')로 감싸야 합니다. 둘 다 사용해도 상관없지만, 앞뒤 기호는 통일해야 합니다.

숫자와 마찬가지로 따옴표 없이 문자열만 그대로 쓰면 에러가 발생하니 주의합시다.

```
print(Hello, World!)
(SyntaxError: invalid character in identifier)
```

따옴표가 없는 경우 문자열은 명령의 일부로 간주되기 때문입니다. 따라서 코드 안에 올바르지 않은 문자(invalid character)가 있다는 경고가 뜨게 됩니다.

SyntaxError는 문법이 잘못되었을 때 발생하는 에러입니다.

>>> 따옴표가 포함된 문자열 표시하기 ···

이 책에서는 원칙적으로 문자열은 작은따옴표로 둘러싸고 있습니다. 그런데 문자열 자체에 작은따옴표를 포함시키고 싶은 경우에는 어떻게 해야 할까요?

문자열이 여기까지라고
인식하게 됨

'Hello,'GREAT'Python!!'

이 예에서는 'Hello,'에서 문자열이 끝난 것으로 간주되므로, 그 뒤의 문자열 'GREAT' Python!!'을 제대로 인식하지 못합니다.

따라서 문자열 전체를 큰따옴표로 묶어주어야 합니다. 이 경우 문자열은 큰따옴표부터 다음 큰따옴표까지가 되므로, 문자열에 작은따옴표가 포함되어 있어도 제대로 인식됩니다.

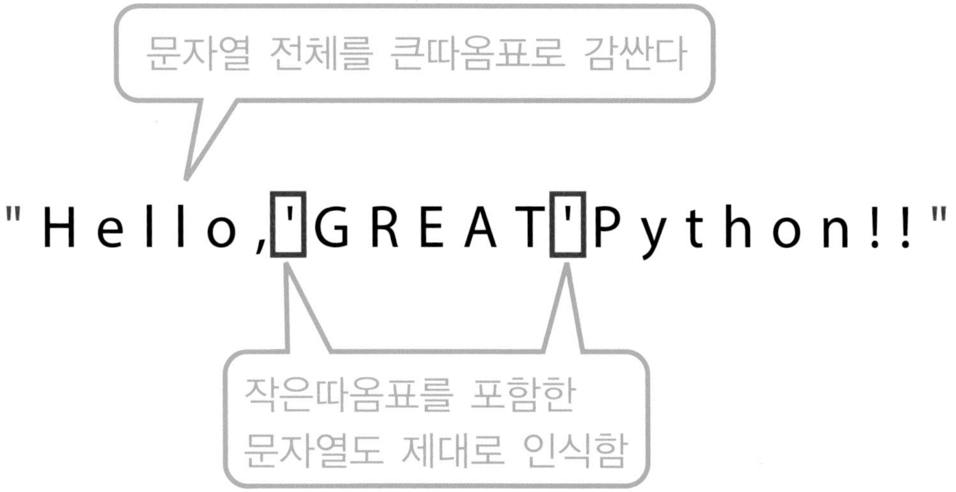

문자열 전체를 큰따옴표로 감싼다

"Hello,'GREAT'Python!!"

작은따옴표를 포함한
문자열도 제대로 인식함

문자열에 큰따옴표를 넣고 싶을 때에는 반대로 하면 됩니다.

```
print('You are "Great" teacher.')
```

큰따옴표를 넣고 싶은 문자열을
작은따옴표로 감싼다

💬 **칼럼** **작은따옴표/큰따옴표 둘 다 쓰고 싶다면?**

작은따옴표와 큰따옴표를 하나의 문자열에 사용하려는 경우에는 위와 같은 방법은 쓸 수 없습니다. 이럴 때에는 따옴표 앞에 \ 를 붙여주세요.

```
print('I\'m "Great" teacher.')
```

\ ' 나 \ " 로 쓰면 (문자열을 감싸는 것이 아닌) ' 나 " 그 자체로 인식합니다. 이 열에서는 작은따옴표로 문자열을 감싸고 있기 때문에 ' 만 \ ' 라고 적었습니다.

이와 같은 방법을 가리켜 **확장 비트열**(escape sequence)이라고 합니다. 자세한 것은 **8-1**에서 다시 설명하겠습니다.

⟫⟫⟫ 수치/문자열이 섞여 있는 값을 표시하기 ···

print 함수에서는 쉼표(,)로 구분해서 여러 개의 값을 열거하여 값을 순서대로 출력할 수도 있습니다.

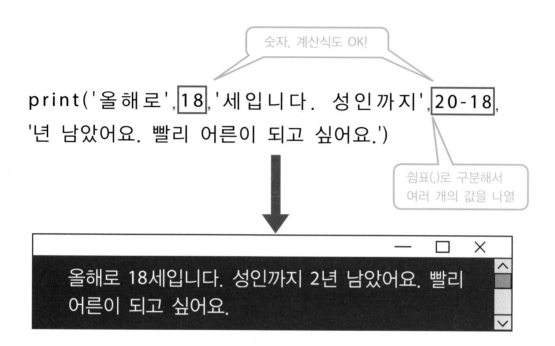

쉼표를 붙여서 작성하는 법을 기억해두면 문자열, 숫자(계산식)가 섞여 있는 값도 문제없이 표시할 수 있습니다.

정리

- ◉ 문자열은 작은따옴표, 큰따옴표로 감싼다.
- ◉ 큰따옴표를 포함한 문자열은 작은따옴표로 감싸야 한다(작은따옴표는 그 반대).
- ◉ print 함수에 쉼표로 구분한 값을 넣어주면 값을 순서대로 출력할 수 있다.

4 코드를 보기 편하게 다듬기

완성파일 | 📁 [0304] → 📄 [basic.py], 📄 [string.py]

예습 | 보기 편한 코드란?

이제부터는 더 복잡한 코드를 다루게 될 것이기 때문에 '보기 편한' 코드를 쓰는 것에 대해서도 알아두는 것이 좋습니다. 예를 들어 파이썬에서는 연산자나 함수의 구분에 공백을 두거나 줄을 바꾸어도 문제가 없습니다. 띄어쓰기(공백) / 줄 바꾸기를 적절하게 사용하면 코드를 보기가 더 쉬워집니다.

```
print(1+2*5)
print('올해로',18,'세입니다')
```

띄어쓰기와 줄 바꾸기를 추가

```
print(1 + 2 * 5)
print('올해로', 18, ↵
      '세입니다')
```

그리고 '보기 편한' 코드를 쓰는 방법 중 하나로 **코멘트(주석)**에 대해서도 설명하겠습니다. 코멘트는 코드에 붙이는 메모입니다. 코멘트는 실행할 때에는 무시되므로 코드 설명이나 메모를 하는 용도로 사용합니다.

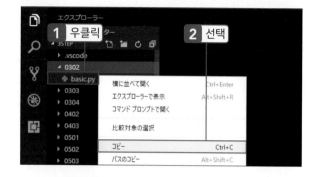

체험 지금까지 작성했던 코드 다듬기

1 파일 복사

VSCode 탐색기에서 [0302] 폴더의 'basic.py'를 우클릭하고 **1**, 표시된 메뉴에서 [복사]를 선택합니다 **2**.

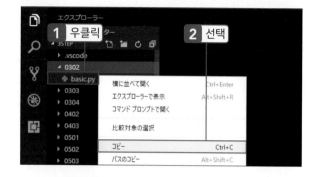

2 붙여넣기

[0304] 폴더를 우클릭하고 **1**, 표시된 메뉴에서 [붙여넣기]를 선택합니다 **2**.

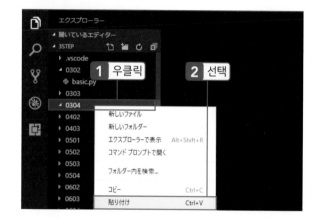

3 공백과 코멘트 추가

1~**2**에서 복사한 파일을 열어 오른쪽과 같이 편집합니다 **1**. 편집이 되었으면 (모두저장)을 클릭해서 **2** 파일을 저장해주세요.

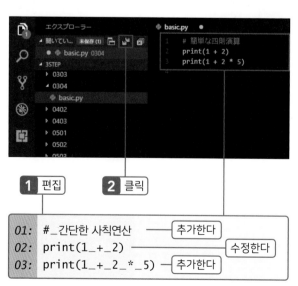

> **>>>Tips**
>
> 공백도 코드의 일부이므로, 전각으로 공백을 넣을 수는 없습니다. 공백을 삽입할 때에는 반각으로 되어있는지 확인해주세요.

```
01:  #_간단한 사칙연산          ——— 추가한다
02:  print(1_+_2)              ——— 수정한다
03:  print(1_+_2_*_5)          ——— 추가한다
```

4 코드 실행

[탐색기]에서 [0304] 폴더의 basic.py를 우클릭하고**1**, 표시된 메뉴에서 [Run Python File in Terminal]을 선택합니다**2**. 파일이 실행되면 오른쪽과 같은 결과가 표시됩니다.

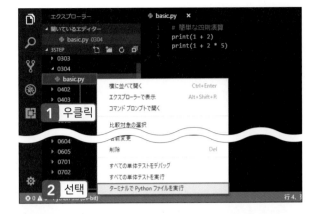

```
PS C:\3step> & python c:\3step\0304\basic.py
3
11
```

표시되었음

5 줄 바꾸기와 코멘트 추가

1~**2**번과 마찬가지로 [0303] 폴더의 'string.py'를 [0304] 폴더에 복사합니다. 복사한 파일을 열어서 오른쪽과 같이 편집하고**1**, 저장합니다.

4번과 동일하게 string.py를 편집합니다. 코멘트를 추가한 부분은 표시되지 않으며, 오른쪽과 같은 결과가 표시됩니다.

1 편집

```
01:  """
02:  문자열을 표시하기 위한 코드            ← 추가
03:  코멘트를 추가했습니다
04:  """
추가 → 05:  # print('안녕, Python!')
06:  print('Hello, "GREAT" Python!!')
07:  print('올해로', _18,                  ← 수정
08:       '세입니다. 성인까지', _20_-_18,
09:       '년 남았어요. 빨리 어른이 되고 싶어요.')
```

```
PS C:\3step> & python c:\3step\0304\string.py
Hello, "GREAT" Python!!
올해로 18 세입니다. 성인까지 2 년 남았어요. 빨리 어른이 되고 싶어요.
```

표시되었음

이해 **공백/코멘트 규칙 이해하기** »»»

»» 공백을 추가할 수 있는 위치 ···

파이썬에서는 비교적 자유롭게 코드 안에 공백을 추가할 수 있지만, 무제한인 것은 아닙니다.

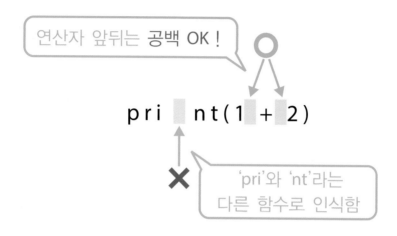

일단, 단어의 중간을 띄울 수는 없습니다. 위 예에서는 파이썬이 'pri'와 'nt'를 각각 다른 함수라고 인식하게 되기 때문입니다.

공백은 단어와 단어 사이에만 넣을 수 있습니다. 일반적으로는 연산자의 앞뒤, 쉼표 뒤 정도에 공백을 넣습니다. 어디에 공백을 넣을지는 지금부터 샘플을 보면서 천천히 익숙해지도록 합시다.

»» 행 첫머리에는 공백 금지 ···

그리고 행 첫머리에도 공백을 넣어서는 안 됩니다.

```
    print('안녕, Python!')
```
불가능함

행 맨 앞의 공백은 **들여쓰기(indent)**라고 하며, 파이썬에서 의미를 갖는 공백이기 때문입니다. 어떤 때에 들여쓰기를 하는지에 대해서는 **6-2**에서 설명하겠습니다.

>>> 줄 바꾸기를 추가할 수 있는 위치

괄호 안에서 단어를 구분할 때에는 얼마든지 줄 바꾸기를 할 수 있습니다. 일반적으로는 그중에서도 연산자나 쉼표 바로 뒤에서 줄 바꾸기를 하면 알아보기 쉽습니다.

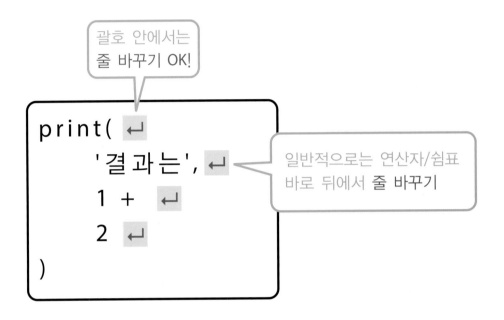

예를 들어 다음 코드는 정상적으로 동작하지 않습니다.

```
print ←──[ 여기에서 행이 끝난 것으로 간주됨 ]
(1 + 2)
```

괄호 바깥에서 줄을 바꾸었으므로, print 바로 뒤에서 함수가 종료된 것으로 간주하기 때문입니다. 이와 같은 경우에는 행이 이어진다는 것을 표시하기 위해 '\'(백슬래시)를 사용해야 합니다.

```
print \ ──[ 행이 이어진다는 것을 파이썬에게 알림 ]
(1 + 2)
```

참고로 행이 이어지는 중일 경우에는 **행 첫머리에 공백을 넣을 수 있습니다**. 일반적으로는 다음 예와 같이 2행째부터는 들여쓰기를 함으로써 원래는 1행에서 이어지는 행이라는 것을 나타내도록 합니다.

```
print('올해로', 18,
      '세입니다. 성인까지',20-18,
      '년 남았어요. 빨리 어른이 되고 싶어요.')
```

>>> 파이썬의 코멘트 ···

파이썬에서는 다음과 같은 형식으로 코멘트를 표시할 수 있습니다.

1 한 줄 코멘트

'#' 이후, 행 끝까지를 코멘트로 간주합니다.

맨 처음에 #을 넣으면 행 전체가 코멘트가 되고, 행 중간에서 #을 쓰면 그 뒷부분만 코멘트가 됩니다.

2 여러 줄 코멘트

"""~"""(큰따옴표 3개), '''~'''(작은따옴표 3개)로 감싼 부분을 코멘트로 간주합니다.

```
"""
문자열을 표시하기 위한 코드
코멘트를 추가했습니다.
"""
```
이 부분이 코멘트

그리고 여러 줄인 코멘트의 경우 코멘트의 시작을 나타내는 """나 ''' 앞에 **들여쓰기를 할 수 없다**는 것에 주의해야 합니다.

💬 **칼럼** | **here document**

정확히 말하자면 """~"""나 '''~'''는 코멘트 전용 구문이 아니라, 여러 줄의 문자열을 나타내는 **here document**라는 구문입니다. 문자열을 지정하는 것만으로는 파이썬에서 아무런 동작도 하지 않기 때문에, 이를 이용해서 여러 줄의 코멘트를 적는 것입니다.

코멘트는 크게 다음과 같은 때 사용합니다.

1 코드 설명

다른 사람이 작성한 코드를 읽을 때에는 잘 이해가 안 되는 부분이 있을 수도 있고, 자신이 쓴 코드라고 하더라도 나중에 다시 보았을 때 무엇을 쓴 것인지 잘 모르는 경우가 있을 수 있습니다. 이런 경우에 대비해 코드의 각 요소에 코멘트를 남겨두는 것은 중요합니다.

물론 모든 행마다 코멘트를 남기면 오히려 더 보기 힘들어집니다. 일반적으로는 함수나 메소드(5-2) 등 의미가 있는 코드의 묶음, 또는 그 자체만으로는 의도를 이해하기 힘든 코드에 코멘트를 남겨둡니다.

```
# 함수에 대해 설명하는 코멘트
함수를 정의하는 코드
--------------------------------
----------------


# 코드의 의도를 설명하는 코멘트
이해하기 어려운 복잡한 코드
--------------------------------
----------------
```

2 코드를 무효화하기

코드를 코멘트로 만들어 일시적으로 무효화하는 것을 가리켜 **코멘트아웃**이라고 합니다. 스크립트가 의도한 대로 동작하지 않는 경우 등 일부 코드를 코멘트아웃함으로써 어디에서 문제가 발생한 것인 지를 찾아내기가 더 쉬워집니다.

이 1행을 코멘트아웃

```
# print('안녕, Python！')
print('Hello, "GREAT" Python!!')
```

2행 코드만 실행됨

정리

- 단어의 끝에는 공백을 넣어 코드를 보기 쉽게 만들 수 있다.
- 행 첫머리의 공백(들여쓰기)은 의미를 가지므로 삽입해서는 안 된다.
- 괄호 안에서는 단어 끝에서 줄을 바꿀 수 있다.
- \ 를 행 끝에 넣으면 행이 계속 이어진다는 것을 나타낸다.
- #은 한 줄 코멘트, """~"""나 '''~'''는 여러 줄의 코멘트를 의미한다.

■ 문제 1

파이썬셀에서 '5×3＋2', '4 − 6÷3'을 계산해봅시다.

■ 문제 2

다음 문장은 파이썬의 기본적인 구문의 규칙에 대해 설명한 것입니다. 맞는 것에는 ○, 틀린 것에는 ×를 기입하세요.

(   ) 파이썬에서 사용할 수 있는 문자코드는 UTF−8뿐이다.

(   ) 특정한 처리를 묶은 것을 가리켜 '함수'라고 부른다.

(   ) 문자열은 작은따옴표('), 또는 백쿼트(`)로 감싸야 한다.

(   ) print 함수에서는 여러 개의 값을 '＋'를 사용해 나열하여 값을 순서대로 출력할 수 있다.

(   ) 파이썬 코드에는 쉼표 뒤나 연산자의 앞뒤에 공백을 넣어도 상관없다.

■ 문제 3

다음과 같은 코드/커맨드를 작성해 실행해봅시다.

1. "I'm from Japan."이라는 문자열을 표시한다.
2. data 폴더 아래 sample.py를 커맨드라인에서 실행한다.
3. "10＋5는", 10＋5(수식의 결과), "입니다."를 차례로 표시한다.

변수와 연산

1 프로그램 데이터 다루기

완성파일 │ 없음

 예습 **데이터(값)의 형이란?** >>>

프로그램에서 다루는 **값**(데이터)은, 모두 형식을 가지고 있습니다(데이터의 형태라는 뜻에서 데이터 형이라고도 합니다). 형이란 데이터의 종류를 뜻합니다. 예를 들어서 15, 123은 정수형 값이며, '안녕하세요', 'XYZ'는 문자열형 값입니다.

그리고 형에 따라 파이썬에서 할 수 있는 것도 다릅니다. 예를 들어 숫자는 뺄셈이 가능하지만 문자열은 불가능합니다. 이번 절에서는 대표적인 데이터형인 정수형과 문자열형을 예로 들어 설명하도록 하겠습니다.

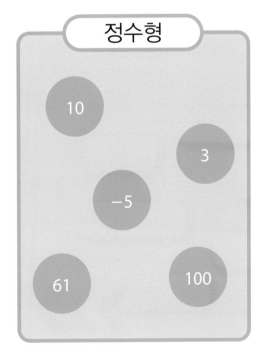

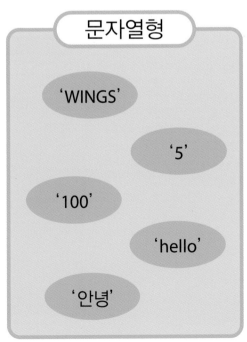

체험 | 데이터형의 차이 알아보기

1 파이썬셸 구동

파워셸을 켜서 커맨드라인에 python 커맨드를
실행합니다**1**. Mac은 터미널을 열어 python3
커맨드를 실행합니다. 파이썬셸이 구동됩니다.

```
PS C:¥Users¥nami> python ─■1
Python 3.6.4 (v3.6.4:d48eceb, Dec 19 2017, 06:54:40) [MSC v.1900 64 bit (AMD
64)] on win32
Type "help", "copyright", "credits" or "license" for more information.
```

2 숫자와 문자열의 덧셈

숫자와 문자열 조합으로 덧셈을 실행해봅니
다. 오른쪽과 같이 명령어를 입력하고**1 2**, 실
행해주세요. 명령어와 함께 TypeError(형식이
틀렸다)라는 에러가 뜹니다.

```
>>> 13 + 'hoge' ─■1
Traceback (most recent call last):
  File "<stdin>", line 1, in <module>
TypeError: unsupported operand type(s) for +: 'int' and 'str'
>>> 13 + '10' ─■2
Traceback (most recent call last):
  File "<stdin>", line 1, in <module>
TypeError: unsupported operand type(s) for +: 'int' and 'str'
```

3 문자열과 문자열의 덧셈

문자열과 문자열의 조합으로 덧셈을 실행해
봅시다. 오른쪽과 같이 명령어를 입력하고**1**
2, 실행해주세요. 각각의 문자열이 연결된 결
과가 표시됩니다.

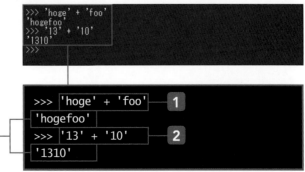

표시되었음

```
>>> 'hoge' + 'foo' ─■1
'hogefoo'
>>> '13' + '10' ─■2
'1310'
```

4 문자열과 문자열의 뺄셈

문자열과 문자열의 조합으로 뺄셈을 실행해
봅시다. 오른쪽과 같이 커맨드를 입력하고**1**,
실행해주세요. TypeError(형식이 틀렸다)라는
에러가 뜹니다.

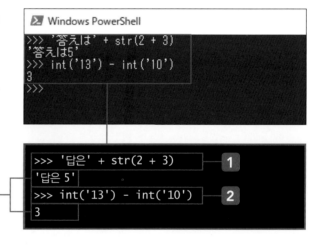

```
>>> '13' - '10'   1
Traceback (most recent call last):
  File "<stdin>", line 1, in <module>
TypeError: unsupported operand type(s) for -: 'str' and 'str'
```

5 문자열을 수치로 변환해서 계산

수치를 문자열, 혹은 문자열을 수치로 변환해
서 계산해봅시다. 오른쪽과 같이 커맨드를 입
력하고**1 2**, 실행해주세요. **1**은 계산된 결과
를 연결한 것이, **2**는 계산된 결과가 각각 표
시됩니다.

표시되었음

```
>>> '답은' + str(2 + 3)   1
'답은 5'
>>> int('13') - int('10')   2
3
```

6 값의 형 확인

Type 명령을 사용해 값의 형을 확인해봅시다.
　오른쪽과 같이 커맨드를 입력하고**1 2**, 실
행해주세요. 각각의 값에 대하여 int(정수),
str(문자열)과 같이 데이터형이 표시됩니다.

표시되었음

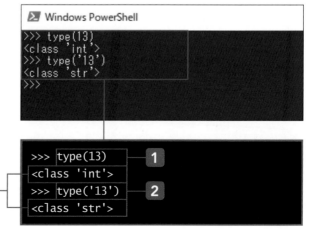

```
>>> type(13)   1
<class 'int'>
>>> type('13')   2
<class 'str'>
```

이해 파이썬의 개발 환경 이해하기 >>>

>>> 수치와 문자열은 더할 수 없다 ·····································

체험❷에서 확인한 것과 같이, 수치와 문자열은 더할 수 없습니다.

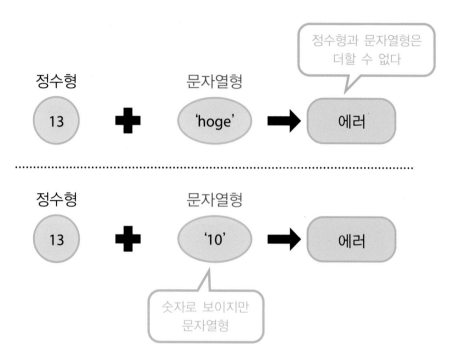

정수형과 문자열형은 더할 수 없다

정수형 **13** ➕ 문자열형 'hoge' ➡ 에러

정수형 **13** ➕ 문자열형 '10' ➡ 에러

숫자로 보이지만 문자열형

'10'은 얼핏 보면 숫자 같지만, 따옴표 안에 있으므로 파이썬에서는 문자열로 간주합니다. 체험❷
에서도 "unsupported operand type(s) for+:'int' and 'str'"[int(정수)와 str(문자열)은 +로 계산할 수
없다]이라는 에러가 뜨는 것을 확인할 수 있습니다.

>>> 문자열과 문자열의 연산 ···

문자열과 문자열은 덧셈이 가능합니다(체험❸). 단, 이 경우 제대로 더해지는 것이 아니라 문자열을
서로 결합합니다.

앞서 다뤘던 것처럼, 파이썬에서 '13', '10'은(수치로 보이지만) 문자열이므로, '13'+'10'의 결과
는 '23'이 아니라 '1310'이 된다는 것에 유의합시다.

더하기가 가능하다면 빼기도 될 것 같지만, 문자열끼리 뺄셈은 불가능합니다(체험❹).

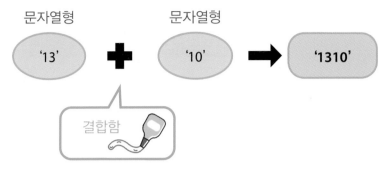

이와는 별도로 문자열과 수치는 곱할 수 있습니다.

```
>>>'Hoge' * 3
'HogeHogeHoge'
```

수치끼리의 곱셈과 마찬가지로, 'Hoge'＊3은 'Hoge'＋'Hoge'＋'Hoge'가 됩니다.

≫≫≫ 데이터형 변환하기 ∙∙∙

다음과 같은 식은 TypeError(형식이 틀렸다)가 뜹니다.

```
>>>'답은' + (2 + 3)
Traceback (most recent call last) :
  File "<stdin>", line 1, in <module>
TypeError : must be str, not int
```

지금까지의 설명을 이해하고 있다면 이유는 확실합니다. 문자열과 수치를 더할 수 없기 때문입니다. '그렇다면 수치를 문자열로 바꿔주면 되지 않을까?'라고 생각했다면 정답입니다. 이를 위해 준비되어 있는 것이 str이라는 명령입니다(체험❺).

str에는 문자열로 바꾸고 싶은 숫자를 줍니다. 그러면 숫자가 문자열로 변환되어 문자열과 마찬가지로 취급되므로, ＋ 연산자로 연결할 수 있습니다.

마찬가지로 문자열을 수치(정수)로 변환하고 싶은 경우에는 int라는 명령을 사용합니다. 단, int의 경우는 수치로 변환할 수 없는 문자열을 줄 경우 에러가 발생하므로 주의해야 합니다(다음 에러에서는 "int 함수에 잘못된 값이 주어졌습니다."라는 메시지가 뜹니다).

```
>>> int('hoge')
Traceback (most recent call last) :
  File "<stdin>", line 1, in <module>
ValueError: invalid literal for int( ) with base 10: 'hoge'
```

>>> 파이썬의 데이터형 ···

파이썬에서는 정수형(int), 문자열형(str) 외에도 다양한 형이 존재합니다. 그중에서도 가장 먼저 기억해둘 것은 다음과 같습니다.

값의 형은 type이라는 명령을 사용해서도 확인할 수 있습니다(체험⑥).

부동소수점
(float)
··· 소수점수

123.456

0.13

38.21

진위형
(bool)
··· 참인가, 거짓인가

True

False

부동소수점
(float)
··· 아무것도 없음

None

정리

- ◉ 값은 모두 어떠한 형을 가진다.
- ◉ 형에 따라 가능한 조작이 달라진다.
- ◉ 문자열＋문자열로 문자열을 연결할 수 있다.
- ◉ str 함수는 수치를 문자열로, int 함수는 문자열을 수치로 변환한다.
- ◉ type 함수를 사용해 해당 값의 형을 확인할 수 있다.

2 데이터에 이름을 붙여서 다루기

완성파일 | 📁 [0402] → 📄 [var.py]

 예습 | **변수란?**

스크립트는 말하자면 최종적인 결과(답)를 이끌어내기 위한, 과정의 계산식을 나타낸 것입니다. 복잡한 계산(처리)이라면 중간에 값을 임시로 저장해두는 것이 좋겠지요. 이를 위한 도구가 바로 변수입니다.

변수란, 값을 넣어두기 위한 상자라고 생각해도 좋습니다. 변수(상자)에 넣은 값은 나중에 바꿀 수도 있습니다. 변수(변경할 수 있는 수)라고 하는 것도 이 때문입니다.

그리고 변수에는 나중에 각각을 구별할 수 있도록 이름이 붙어 있습니다. 변수의 이름을 가리켜 **변수명**이라고도 합니다.

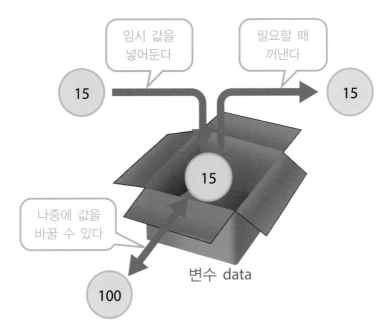

변수 data

체험 | 변수에 값을 넣고 빼기

1 변수에 수치를 설정/참조하기

47쪽 순서에 따라 [0402] 폴더에 'var.py'라는 이름으로 파일을 생성합니다 1 2. 에디터가 열리면 오른쪽과 같이 코드를 입력합니다. 변수 data에 수치를 설정해서 3, 값을 확인하거나 4, 계산 5 합니다.

입력을 마치면 🖫(모두저장)을 눌러 저장해 주세요.

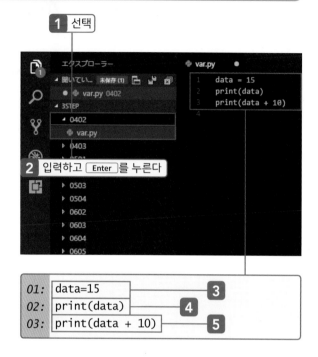

```
01: data=15              3
02: print(data)          4
03: print(data + 10)     5
```

2 코드 실행

[탐색기]에서 var.py를 우클릭하고 1, 표시된 메뉴에서 [Run Python File in Terminal]을 선택합니다 2. 파일이 실행되어 오른쪽과 같이 변수의 내용과 계산 결과가 표시됩니다.

```
PS C:\3step> & python c:\3step\0402\var.py
15
25
```

표시되었음

③ 변수에 문자열 대입

❶번에서 작성한 코드에 오른쪽과 같이 코드를 추가합니다. 같은 변수 data에 이번에는 문자열을 대입하고❶, 그 내용을 확인합니다❷.

　입력을 마치면 🖳(모두저장)을 눌러 저장해 주세요.

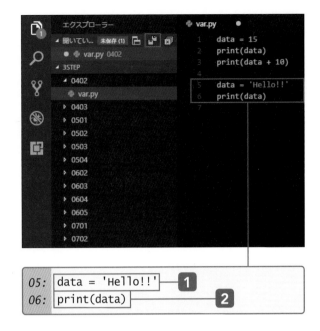

```
05: data = 'Hello!!'      ❶
06: print(data)           ❷
```

④ 코드 실행

❷번과 마찬가지로 var.py를 실행합니다. 좀 전에 확인한 결과 뒤에, 추가된 코드의 결과로 'Hello!'가 표시됩니다.

```
PS C:\3step> & python c:\3step\0402\var.py
15
25
```
표시되었음 ─ `Hello!!`

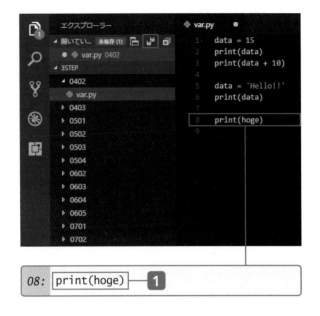

5 존재하지 않는 변수에 액세스

③번에서 작성한 코드에 오른쪽과 같이 코드를 추가합니다. 존재하지 않는 변수 hoge에 액세스합니다❶.

입력을 마치면 🖫(모두저장)을 눌러 저장해 주세요.

```
08: print(hoge)   1
```

6 코드 실행

❷번과 마찬가지로 var.py를 실행합니다. 지정된 변수가 존재하지 않기 때문에, 앞서 확인한 결과 뒤에 "NameError: ～"라는 에러가 뜹니다.

```
PS C:\3step> & python c:\3step\0402\var.py
15
25
Hello!!
Traceback (most recent call last):
  File "c:\3step\0402\var.py", line 8, in <module>
    print(hoge)
NameError: name 'hoge' is not defined
```

표시되었음

>>> **변수 준비** ···

변수를 사용하려면 다음과 같은 구문으로 '변수의 이름'과 '최초 값'을 설정합니다.

[구문] **변수 준비**

　변수명 = 값

' = '은, 일반 수학에서는 '좌변과 우변이 같다'는 것을 의미하지만, 파이썬에서는 '우변의 값을 좌변의 변수에 저장한다'는 것을 의미합니다. 변수에 값을 저장하는 것을 가리켜 **대입**이라고 합니다 (특히, 변수에 최초 값을 대입하는 것을 가리켜 다른 것과 구분하여 **초기화한**다고 하는 경우도 있습니다).

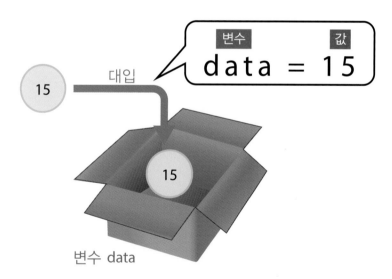

변수 data

　'data = 15'는 'data라는 이름으로 변수를 준비하고, 그 값으로 15를 대입해라'라는 의미가 됩니다 (체험❶). 이후부터는 이 'data' 라는 이름을 사용해서 안의 데이터에 액세스할 수 있게 됩니다.

>>> **변숫값 확인하기** ···

준비된 변수의 내용을 확인하려면 그냥 '변수명'이라고 적기만 하면 됩니다. 'print(변수명)'은 '변수의 값을 표시하시오'라는 뜻이 됩니다. 이름을 지정해 변수의 값을 가져오는 것을 가리켜 변수를 참조한다고 하기도 합니다(체험❶).

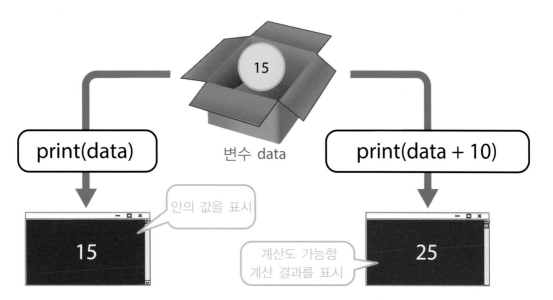

print(data)

변수 data

print(data + 10)

안의 값을 표시

15

계산도 가능함
계산 결과를 표시

25

단, (당연한 이야기지만) 참조할 수 있는 것은 미리 준비해둔 변수뿐입니다. 지정된 변수가 존재하지 않는 경우, "NameError: name 'hoge' is not defined"(hoge라는 이름의 변수는 존재하지 않습니다!)라는 에러가 발생합니다(체험❻).

⟫⟫⟫ 변숫값은 바꿀 수 있다 ....

변수는 '바꿀 수 있는 수'라는 의미이므로, 그 값을 변경할 수 있습니다.

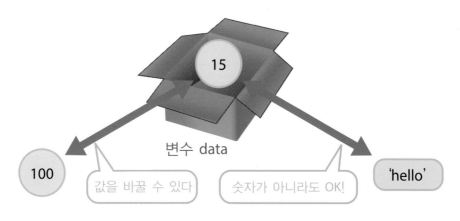

변수 data

100

값을 바꿀 수 있다

숫자가 아니라도 OK!

'hello'

이때, (예를 들어) 수치가 들어있던 변수에 문자열을 대입해도 문제가 없다는 점을 주목합시다(체험❸). 파이썬의 변수는 무엇이든지 넣을 수 있는 마법의 상자인 것입니다.

▷▷▷ 이름 설정 규칙

변수에 이름을 붙일 때에는 다음과 같은 규칙에 따라야 합니다.

- 이름에 쓸 수 있는 것은 알파벳과 숫자, 언더스코어(_)
- 단, 첫머리에 숫자는 쓸 수 없음
- 파이썬에서 의미를 가지는 예약어(예 : if, for 등)는 쓸 수 없음

따라서 다음과 같은 이름은 모두 사용할 수 없습니다.

또한 문법상의 규칙은 아니지만, 보기 편한 코드를 만들기 위해서는 다음과 같은 점에 신경을 쓸 필요가 있습니다.

① 이름에서 값의 의미를 추정하기 쉬움

예를 들어 간행일을 나타내는 것이라면 'x'나 'i' 같은 이름보다는 'publish_date'와 같은 이름이 좋습니다.

② 너무 길지도 짧지도 않게

검색 키워드를 나타낸다고 가정할 때, kw는 너무 짧지만 keyword_for_search는 너무 깁니다. 일 반적으로는 keyword 정도면 충분할 것입니다. 적절한 길이의 이름을 써야 코드도 읽기 쉬워집니다.

③ 정해진 표기법대로 통일하기

일반적으로 영단어에서는 단어 사이를 언더스코어(_)로 연결합니다. 이와 같은 표기법을 가리켜 **언더스코어 표기법**, 또는 **스네이크 표기법**이라고 합니다. last_name, publish_date처럼 표기합니다.

> 💬 **칼럼** ┃ **자주 쓰이는 이름 표기**
>
> 언더스코어 이외에도 자주 쓰이는 표기법으로 다음과 같은 것이 있습니다.
>
> - camelCase 표기법 : 맨 앞 글자는 소문자, 그 뒤 단어의 첫 글자는 대문자(예 : lastName, publishDate)
> - Pascal 표기법 : 모든 단어의 첫 글자를 대문자로(예 : LastName, PublishDate)

정리

- ⊚ 변수는 '변수명=값'으로 설정한 뒤 사용한다.
- ⊚ '변수명'으로 변수의 내용을 참조할 수 있다.
- ⊚ 변수의 이름에는 알파벳, 숫자, 언더스코어를 사용할 수 있다.
- ⊚ 변수의 이름으로는 내용을 추정할 수 있는 구체적인 이름을 붙이는 것이 좋다.

3 사용자 입력을 받아들이기

완성파일 | 📁 [0403] → 📄 [bmi.py]

 예습 | **키보드로부터 데이터 입력받기** ≫≫

변수는 코드 안에 기록된 값을 넘겨주기만 하는 것은 아닙니다. 외부에서 값을 받아, 이를 변수에 저장해둘 수도 있습니다. '외부에서' 값을 받는 방법에는 여러 가지가 있지만, 여기에서는 input이라는 함수를 이용해 키보드로부터 입력을 받아들이는 방법을 소개하겠습니다.

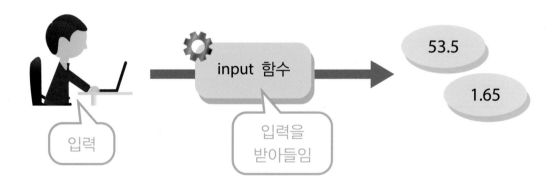

이번 절에서 소개할 것은, 입력된 키 / 체중을 바탕으로 BMI(Body Mass Index)를 구하는 예입니다. BMI는 비만도를 나타내는 값으로 18.5~25가 표준, 이보다 낮으면 마름, 높으면 비만으로 봅니다. '체중(kg)÷키(m)²'으로 구할 수 있습니다.

체험 **키보드로부터 입력을 받아 변수에 대입하기** ≫≫≫

1 키보드로부터 입력 받아들이기

47쪽 순서에 따라 [0403] 폴더에 'bmi.py'라는 이름의 파일을 생성합니다. 에디터가 열리면 오른쪽과 같이 코드를 입력합니다. 키보드로부터 받은 입력을 변수 weight／height에 대입하고**1**, 그 값을 바탕으로 BMI값을 구합니다**2**.

입력을 마치면 (모두저장)을 눌러 저장해 주세요.

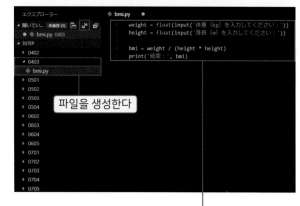

파일을 생성한다

```
01: weight = float(input('체중(kg)을 입력해주세요 : '))     1
02: height = float(input('키(m)를 입력해주세요 : '))
03:
04: bmi = weight / (height * height)                        2
05: print('결과 : ', bmi)
```

2 코드 실행

[탐색기]에서 bmi.py를 우클릭하고**1**, 나타난 메뉴에서 [Run Python File in Terminal]을 선택합니다**2**.

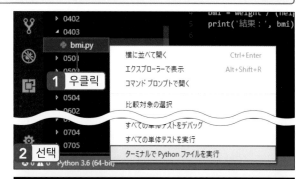

3 키와 체중 입력

파일이 실행되어 키와 체중을 입력하라는 메시지가 표시되면 값을 입력하고 Enter 를 누릅니다**1**. 계산 결과가 표시됩니다.

> ≫≫ Tips
>
> 키의 단위가 cm가 아닌 m이므로, 틀리지 않게 주의하세요.

```
PS C:\3step> & python c:\3step\0403\bmi.py
체중(kg)을 입력해 주세요 : 53.5
키(m)를 입력해 주세요 : 1.65
결과 : 19.65105601469238     표시되었음
```

>>> 키보드로부터 입력받기 ···

키보드로부터 입력을 받을 때에는 input 함수를 사용합니다.

[구문]   input 함수

input(입력을 요구하는 메시지)

　input 함수는 키보드로부터 입력을 받은 문자열을 반환합니다. 체험①의 코드에서는 input 함수로부터 반환된 값을, 각각 height, weight라는 변수에 대입한 것입니다.

weight = input('체중(kg)을 입력해주세요 : ')

체중(kg)을 입력해주세요 : 53.5

53.5

변수 weight

>>> 여러 가지 함수

지금까지는 '어떠한 처리의 덩어리를 나타내는 것이 함수'라고 설명했지만, 여기에서 다시 한번 함수의 역할에 대해 기억해두어야 할 용어와 함께 살펴보도록 하겠습니다.

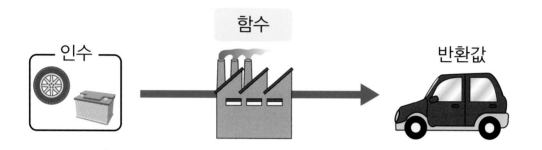

우선 함수에는 처리에 사용하는 재료(입력)를 넘겨줄 수 있습니다. 이를 인수라고 합니다. 그리고 어떠한 처리를 실행한 결과(출력)를 반환하게 되는데, 이를 가리켜 **반환값, 리턴값**이라고 합니다.

함수에 따라서는 인수만 있고 반환값이 없는 것, 인수도 반환값도 없는 것 등도 있습니다. 예를 들어 print 함수는 '인수는 있지만 반환값은 없는' 함수입니다.

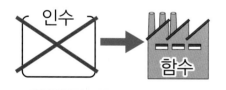

인수도 반환값도 없음
… 오로지 정해진 처리만 실행함

인수가 없고 반환값만 있음

인수만 있고 반환값은 없음
… 넘겨받은 값을 처리함(print)

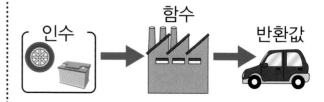

인수와 반환값이 모두 있음
… 넘겨받은 값을 처리하여 결과를 반환함(int, str 등)

>>> 함수는 중첩(nest)도 가능 ···

특정 함수의 반환값을 다른 함수의 인수로 줄 수도 있습니다.

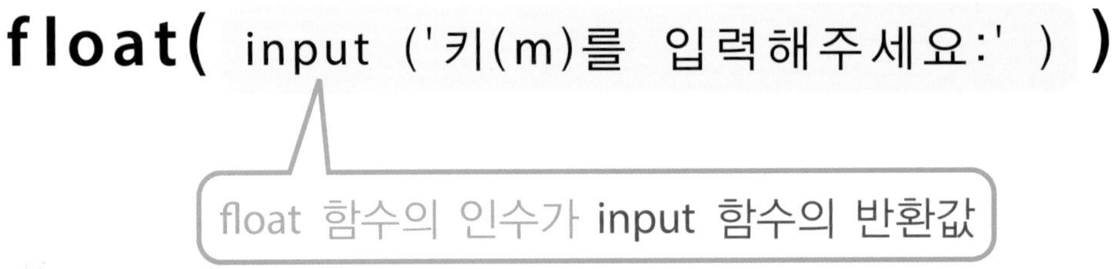

float(input ('키(m)를 입력해주세요:'))

float 함수의 인수가 input 함수의 반환값

이 예에서는 input 함수에서 반환한 입력값을 float 함수에 넘겨, 소수점형으로 변환합니다(input 함수의 반환값은 문자열형이므로, 그대로는 BMI값을 계산할 때 에러가 발생합니다).

칼럼 | float 함수

float은 int/str 함수와 마찬가지로 주어진 값의 형을 강제적으로 변환하기 위한 함수입니다. **4-3**에서는 값을 그대로 변환했으므로 효과가 크게 느껴지지 않을지도 모릅니다. 일반적으로는 체험의 예처럼, 함수가 반환한 값(형)을 그대로 쓸 수 없을 때 사용합니다.

칼럼 │ 브라우저 환경에서 파이썬 코드 실행하기 — CodeChef

이 책에서는 VSCode 환경에서 파이썬 코드를 실행하고 있습니다. 하지만 이런 환경을 구축하는 것이 번거로운 경우에, 브라우저만으로도 파이썬 코드를 실행할 수 있는 서비스가 존재합니다.

예를 들면 CodeChef(https://www.codechef.com/ide)가 바로 그것입니다.

좌측 상단 선택 박스에서 [PYTH 3.5(Python 3.5)]를 선택하고, 중앙 에디터에 코드를 입력하기만 하면 됩니다. [Run]을 클릭하면 코드를 실행할 수 있습니다.

CodeChef에서는 파이썬뿐만 아니라, Java, C#, PHP, Ruby 등 주요 프로그래밍 언어를 지원하고 있으므로 나중에 다른 언어도 알아보고 싶은 경우(하지만 일일이 설치하기는 귀찮은 경우)에도 도움이 될 것입니다.

정리

◉ 키보드로부터 입력을 받기 위해서 input 함수를 사용한다.
◉ 함수에 넣어주는 값을 가리켜 '인수', 함수 처리 결과를 가리켜 '반환값'이라고 한다.
◉ 특정 함수의 반환값을 다른 함수의 인수로 줄 수도 있다.

■ 문제 1

다음은 파이썬의 연산자/함수에 대해 설명한 것입니다. 맞는 것에는 ○, 틀린 것에는 ×를 기입하세요.

( ) + 나 * 등의 연산자는 숫자에 대해서만 사용할 수 있다.

( ) 수치 형식의 문자열을 int 함수에 넘기면 정수로 변환할 수 있다.

( ) '10'+'20'을 연산한 결과는 30이다.

( ) 존재하지 않는 변수를 참조한 경우, undefined라는 값이 반환된다.

( ) 문자열을 저장한 변수에 나중에 수치를 대입할 수는 없다.

■ 문제 2

다음은 파이썬의 변수입니다. 구문적으로 틀린 것의 잘못된 부분을 지적해보세요. 틀린 점이 없는 것에는 '맞음'이라고 답하면 됩니다.

1. 1data   2. hoge_foo   3. hoge-1   4. if   5. DATA

■ 문제 3

다음 코드에는 구문상의 오류가 네 곳 있습니다. 이를 수정하여 올바른 코드로 고쳐봅시다.

```python
# bmi.py

weight = input('체중(kg)을 입력해주세요:')
height = input('키(m)를 입력해주세요:')

bmi = weight / (height*height);
print('결과:' + bmi)
```

데이터 구조

데이터 구조

제 **5** 장 데이터 구조

1 복수의 값을 묶어 관리하기

완성파일 | 📁 [0501] → 📄 [list.py], 📄 [list2.py]

 예습 **리스트에 대해**

리스트란 문자열, 수치 등과 마찬가지로 데이터를 다루기 위한 형 중의 하나입니다. 다만 문자열이나 수치가 단일 값을 나타내는 데 반해, 리스트는 복수의 값을 나타냅니다. 관련된 여러 개의 값을 순서대로 나열하고 묶어서 나타내는 것이 바로 리스트입니다.

리스트

야마다 타로	사토 지로	스즈키 하나코	이노우에 겐타	오가와 히로코

여러 개의 값을
하나로 묶는다

리스트를 이용함으로써, 서로 관련된 값의 집합을 하나의 변수로 관리할 수 있으므로 코드를 간략하게 표현할 수 있습니다. '모든 값을 출력하고 싶다'라고 생각하는 경우에도, 리스트의 경우라면 '안의 내용을 전부 출력하시오'라고 명령하면 됩니다(리스트를 쓰지 않고 값을 각각의 변수에 대입하려면 '～와 ～와 ～와 …를 출력하시오'라고, 출력하려는 모든 변수를 파이썬에 전달해야만 합니다!).

체험 **간단한 리스트 작성하기**

1 리스트를 생성하고 내용에 액세스하기

47쪽의 순서에 따라 [0501] 폴더에 'list.py'라는 이름의 파일을 생성합니다. 에디터가 열리면 오른쪽과 같이 코드를 입력합니다. 리스트를 작성하고 **1**, 그 내용을 확인합니다 **2**.

입력을 마치면 ■(모두저장)을 눌러 저장해 주세요.

```python
01: names = ['야마다 타로', '사토 지로', '스즈키 하나코', '이노우에 겐타', '오가와 히로코']
02:
03: print(names)
```

2 코드 실행

[탐색기]에서 list.py를 우클릭하고 **1**, 표시된 메뉴에서 [Run Python File in Terminal]을 선택합니다 **2**. 파일이 실행되어 오른쪽과 같이 리스트 내용이 표시됩니다.

```
PS C:\3step> & python c:\3step\0501\list.py
['야마다 타로', '사토 지로', '스즈키 하나코', '이노우에 겐타', '오가와 히로코']
```

표시되었음

❶번과 마찬가지로 [0501] 폴더에 'list2.py'라
는 이름의 파일을 생성합니다. 에디터가 열리
면 오른쪽과 같이 코드를 입력합니다. 리스트
를 작성하고❶, ❷에서 리스트의 첫 글자 값
에, ❸에서 뒤에서 두번째의 값에 각각 액세스
하여, ❹와 같이 리스트의 사이즈(값의 개수)
를 취득합니다.

입력을 마치면 🖫(모두저장)을 눌러 저장해
주세요.

변수 names에 설정된 리스트는, ❶번에서 생성한 것과 동일합니
다. 입력하기 귀찮다면 list.py에서 복사해도 상관없습니다.

파일을 생성한다

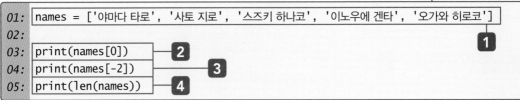

```
01:   names = ['야마다 타로', '사토 지로', '스즈키 하나코', '이노우에 겐타', '오가와 히로코']
02:
03:   print(names[0])          2
04:   print(names[-2])          3
05:   print(len(names))        4
```

④ 코드 실행

❷번과 마찬가지로 list2.py를 실행합니다❶
❷. 오른쪽과 같이 리스트 안의 지정된 값과
사이즈가 표시됩니다.

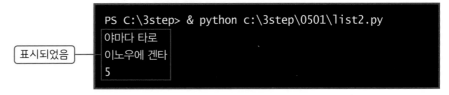

```
PS C:\3step> & python c:\3step\0501\list2.py
야마다 타로
이노우에 겐타
5
```

표시되었음

»» **리스트 생성하기** ···

리스트를 생성하려면, 쉼표로 구분한 값을 중괄호([…])로 묶기만 하면 됩니다.

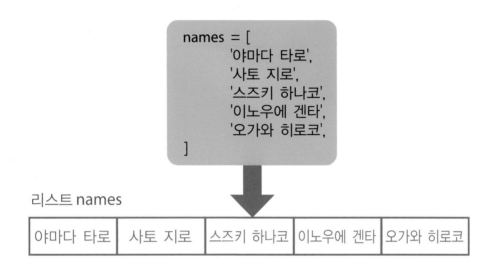

리스트 names

| 야마다 타로 | 사토 지로 | 스즈키 하나코 | 이노우에 겐타 | 오가와 히로코 |

이로써 5개의 문자열을 묶은 리스트(이름은 names)가 만들어진 것입니다. 리스트에 포함되는 각각의 값은 **요소**라고 부르는 경우도 있습니다.

[ ]라고만 쓰는 경우에는 빈 리스트를 생성할 수도 있습니다.

»» **리스트의 요소로 쓸 수 있는 값** ···

리스트의 요소로 쓸 수 있는 값은 문자열뿐만은 아닙니다. 정수, 소수 등 기타 파이썬에서 다루는 모든 값을 사용할 수 있습니다. 그런 경우는 아마도 거의 없겠지만, 같은 리스트에 다른 형의 값이 섞여 있어도 상관없습니다.

```
list = ['A', 2018, 'wings', 0.1, True]
```

»» **리스트 요소에 액세스하기** ···

리스트 안의 요소에는 맨 처음부터 차례로 번호가 붙습니다. 이 번호를 가리켜 **첨자**, 또는 **인덱스번호**라고 합니다.

각각의 요소에는 이름[인덱스번호]의 형식으로 액세스합니다. 단, 파이썬에서는 맨 앞이 '1'이 아닌 '0'으로 시작한다는 점에 주의해야 합니다. 따라서, 맨 앞의 요소를 불러오는 경우 names[0]이라고 합니다.

'names[0] = '…''과 같이 기존의 값을 덮어쓸 수도 있습니다(체험❸).

⟫⟫⟫ 리스트 요소에 뒤에서부터 액세스하기 ‥‥‥‥‥‥‥‥‥‥‥‥‥‥‥‥‥‥‥

인덱스번호에는 마이너스 수치를 지정할 수도 있습니다. 이 경우 가장 마지막의 요소를 −1로 세고, 순서대로 역행합니다(체험❸). '뒤에서부터 몇 번째'와 같이 리스트에 액세스하고 싶을 때 사용하면 편리한 구문입니다.

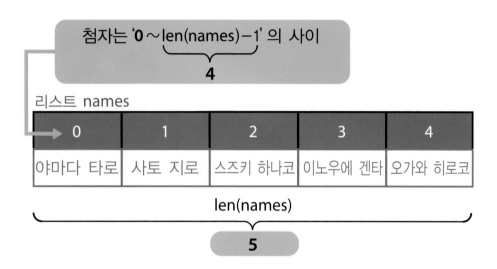

리스트 사이즈 취득하기 ●●●

len 함수를 사용하면 저장되어 있는 값의 개수를 간단하게 취득할 수 있습니다.

체험❸의 예에서는 리스트 names의 사이즈가 5입니다. 앞서 설명한 것처럼 첨자는 0부터 시작하므로, 실제로 액세스할 수 있는 첨자는 '0~len(names) − 1'의 사이가 되는 셈입니다.

첨자는 '0~len(names)−1'의 사이
4

리스트 names

0	1	2	3	4
야마다 타로	사토 지로	스즈키 하나코	이노우에 겐타	오가와 히로코

len(names)

5

> 💬 **칼럼** **파워셸의 주의점**
>
> names[1 : 4]처럼 액세스하는 방법도 있습니다. 이 경우 '첫 번째 요소에서 네 번째 요소의 전(= 세 번째 요소)까지'를 취득합니다. 체험 예의 경우 ['사토 지로', '스즈키 하나코', '이노우에 겐타']를 얻게 됩니다.
>
> 이와 같은 구문을 가리켜서 슬라이스 구문이라고 합니다.

정리

- 리스트는 복수의 값을 묶어서 관리하기 위한 것이다.
- 리스트는 [값, 값, …]과 같은 형식으로 작성할 수 있다.
- 리스트의 요소에는 번호가 매겨지며, 리스트명[번호]로 액세스할 수 있다.
- 리스트 요소의 번호는 '0~len(리스트) − 1'의 범위로 지정할 수 있다.

2 리스트에 연결한 함수 호출하기

완성파일 | ☐ [0502] → 🗐 [list_method.py], 🗐 [list_method2.py],
　　　　　　🗐 [list_method3.py]

리스트는 사이즈를 변경할 수도 있습니다. 요소를 추가(삽입), 삭제하면 리스트의 사이즈도 자동적
으로 변경되기 때문입니다.

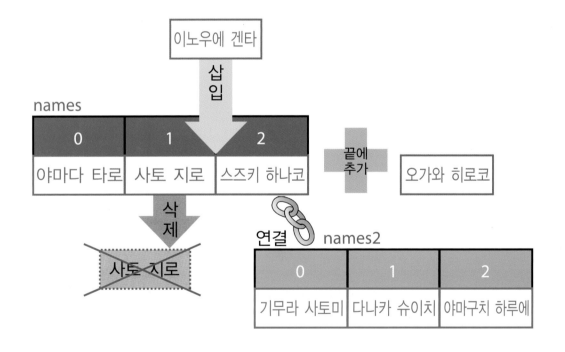

　지금부터는 리스트의 조작을 통해 특정 형에 연결한 함수(= 메소드)의 사용법에 대해서도 익히도
록 하겠습니다.

1 리스트에 값 추가

47쪽의 순서에 따라 [0502] 폴더에 'list_method.py'라는 이름의 파일을 생성합니다. 에디터가 열리면 빈 리스트를 작성한 후❶, 개별로 값을 추가하기 위한 코드를 입력하고❷, 리스트 내용을 표시합니다❸.

입력을 마치면 🖫(모두저장)을 눌러 저장해 주세요.

파일을 생성한다

```
01: names = []                              ❶
02: names.append('야마다 타로')
03: names.append('사토 지로')
04: names.append('스즈키 하나코')              ❷
05: names.append('오가와 히로코')
06: names.insert(3, '이노우에 겐타')
07: print(names)                             ❸
```

2 코드 실행

[탐색기]에서 list_method.py를 우클릭하고 ❶, 표시된 메뉴에서 [Run Python File in Terminal]을 선택합니다❷. 파일이 실행되어 오른쪽과 같이 리스트 내용이 표시됩니다.

1 우클릭

2 선택

```
PS C:\3step> & python c:\3step\0502\list_method.py
['야마다 타로', '사토 지로', '스즈키 하나코', '이노우에 겐타', '오가와 히로코']
```

표시되었음

③ 리스트 내용 삭제

①번과 마찬가지로 [0502] 폴더에 'list_method2.py'라는 이름의 파일을 생성합니다. 에디터가 열리면 오른쪽과 같이 코드를 입력합니다. 일단 리스트를 작성한 후①, 리스트의 맨 처음 값을 기준으로 세 번째가 되는 값을 삭제 표시하고②, '오가와 히로코'를 삭제한 후③, 최종적인 리스트의 내용을 표시합니다④.

입력을 마치면 █(모두저장)을 눌러 저장해 주세요.

▶▶▶Tips

변수 names에 설정된 리스트는 93쪽 ①번에서 작성한 것과 동일합니다. 일일이 입력하는 것이 귀찮다면 list.py를 복사해도 상관없습니다.

파일을 생성한다

```
01: names = ['야마다 타로', '사토 지로', '스즈키 하나코', '이노우에 겐타', '오가와 히로코']  ①
02:
03: print(names.pop(3))  ②
04: names.remove('오가와 히로코')  ③
05: print(names)  ④
```

④ 코드 실행

①번과 마찬가지로 list_method2.py를 실행합니다. pop 메소드로 삭제된 값①과, 최종적인 리스트의 내용②이 표시됩니다.

표시되었음

```
PS C:\3step> & python c:\3step\0502\list_method2.py
이노우에 겐타  ①
['야마다 타로', '사토 지로', '스즈키 하나코']  ②
```

⑤ 리스트끼리 연결

❶번과 마찬가지로 [0502] 폴더에 'list_method3.py'라는 이름으로 파일을 생성합니다. 에디터가 열리면 오른쪽과 같이 입력합니다. 리스트로 names, names2를 작성한 후❶, 리스트를 연결 표시합니다❷.

입력을 마치면 🖫(모두저장)을 눌러 저장해 주세요.

파일을 생성한다

```
01:  names = ['야마다 타로', '사토 지로', '스즈키 하나코']
02:  names2 = ['기무라 사토미', '다나카 슈이치', '야마구치 하루에']
03:
04:  print(names + names2)  ❷                              ❶
```

⑥ 코드 실행

❹번과 마찬가지로 list_method3.py를 실행합니다. names, names2 리스트를 연결한 결과가 표시됩니다.

```
PS C:\3step> & python c:\3step\0502\list_method3.py
['야마다 타로', '사토 지로', '스즈키 하나코', '기무라 사토미', '다나카 슈이치', '야마구치 하루에']
```

표시되었음

⟫⟫⟫ 특정 형에 연결된 함수 = 메소드 ···

미리 정해진 처리를 실행하기 위한 것이 함수라고 앞서 설명했습니다. 이 함수 중에서도 특정한 형만 사용할 수 있는 함수가 있습니다. 예를 들면 문자열형에서만 호출할 수 있는 함수, 정수형에서만 호출할 수 있는 함수와 같은 것들이 있습니다. 이러한 함수를 가리켜 메소드라고 부릅니다.

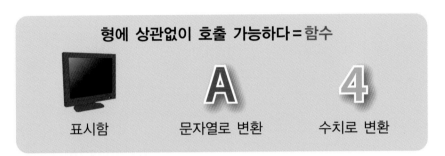

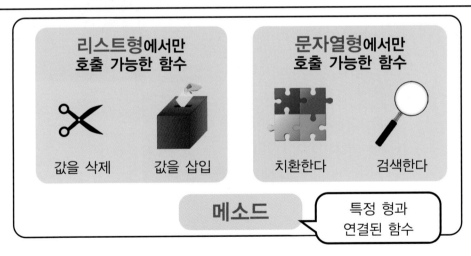

메소드를 호출하는 경우에는 함수와는 조금 작성법이 달라집니다. 특정 형을 전제로 한 '함수'이기 때문에, 호출할 때에도 '변수명.'이 맨 앞에 붙게 됩니다.

[구문] **메소드 호출**

변수명.메소드명(인수, …)

각각의 형의 형식으로 표시한 구체적인 예가 바로 앞서 **1-3**에서 다루었던 오브젝트입니다. 프로그램 안에서 다루는 객체라는 뜻입니다. 오브젝트는 '데이터'와 '기능'을 가지고 있다고 설명했었는데, 리스트형(오브젝트)인 경우, 리스트에 저장된 요소(그룹)가 '데이터'이며, '요소를 추가/삭제'하는 등의 메소드가 '기능'에 해당됩니다.

또한 오브젝트 지향에서는 값의 바탕이 되는 형을 가리켜 **클래스**라고 부릅니다.

>>> 리스트에 값을 추가/삽입하기

리스트의 끝에 값을 추가할 때에는 append 메소드를, 중간에 값을 삽입할 때에는 insert 메소드를 사용합니다.

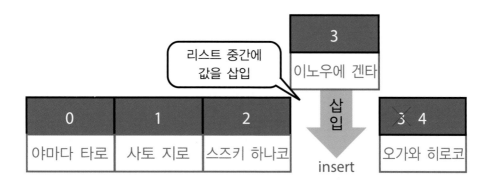

값을 삽입한 경우에는 그 뒤 요소가 하나씩 밀려 뒤로 이동합니다.

>>> 리스트 값 삭제하기 ···

리스트에서 값을 삭제할 때에는 pop / remove라는 메소드를 사용합니다.

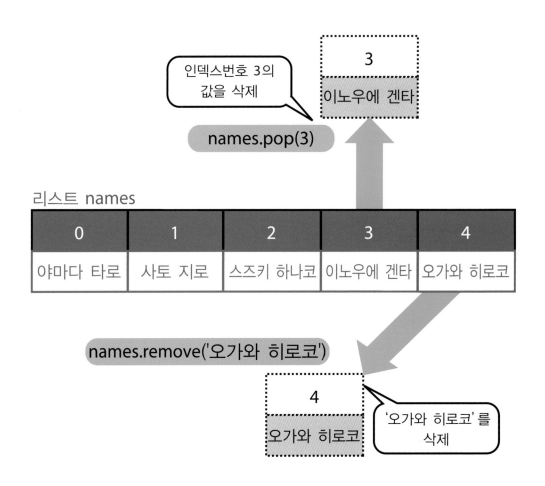

pop 메소드가 인덱스(번호)에서 삭제할 값을 지정하는 데 반해, remove 메소드는 값 그 자체를 지정합니다. 단, remove 메소드에서 해당하는 값이 여러 개인 경우라고 하더라도 삭제되는 것은 하나뿐입니다.

그리고 pop은 이름 그대로 값을 추출하는(pop하는) 역할도 합니다. 삭제한 값을 반환값으로 반환합니다. 반면 remove는 삭제만 할 뿐, 반환값은 반환하지 않습니다.

리스트의 내용을 전부 삭제할 때에는 clear 메소드를 호출합니다.

>>> 리스트 연결하기

리스트끼리 + 연산자로 연결하는 것도 가능합니다. 연산자는 형에 따라 동작이 달라진다는 점을 다시 떠올려봅시다(**4-1** 참조).

names		
0	1	2
야마다 타로	사토 지로	스즈키 하나코

names2		
0	1	2
기무라 사토미	다나카 슈이치	야마구치 하루에

names+names2

연결

0	1	2	3	4	5
야마다 타로	사토 지로	스즈키 하나코	기무라 사토미	다나카 슈이치	야마구치 하루에

정리

- ◉ 특정 형과 연결된 함수를 가리켜 메소드라고 한다.
- ◉ 리스트에 값을 추가할 때에는 append/insert 메소드를 사용한다.
- ◉ 리스트에 저장되어 있는 값을 삭제할 때에는 remove/pop 메소드를 사용한다.
- ◉ 리스트에 값을 추가/삭제한 경우, 리스트 사이즈는 자동적으로 변경된다.
- ◉ '+' 연산자를 사용해 리스트를 서로 연결할 수 있다.

3 키/값의 조합으로 데이터 관리하기

완성파일 | 📁 [0503] → 📄 [dict.py], 📄 [dict2.py], 📄 [dict3.py], 📄 [dict4.py]

 예습 | 사전이란?

여러 값을 하나로 묶는 리스트는 매우 편리합니다. 하지만 값을 참조할 때 쓸 수 있는 것은 인덱스번호라고 하는 의미 없는 순번뿐이기 때문에 불편하게 느껴지는 경우도 있습니다.

따라서 지금부터 설명할 **사전**이라고 불리는 형이 존재합니다. 사전도 리스트와 마찬가지로 여러 개의 값을 관리하기 위한 형입니다. 하지만 각각의 요소에 액세스할 때 의미가 있는 문자열 키(key)를 사용할 수 있다는 점이 리스트와는 다릅니다.

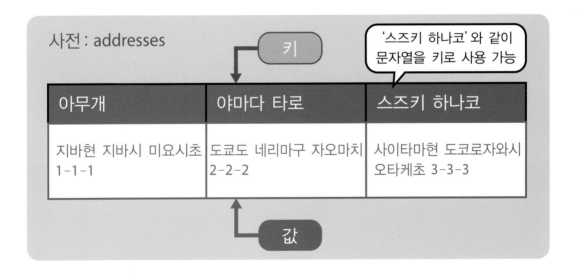

어떤 항목(키)과 그 내용이 짝을 이루고 있으므로 '사전'이라고 부르는 것입니다.

체험 사전 만들기

1 사전 만들기

47쪽의 순서에 따라 [0503] 폴더에 'dict.py'라는 이름의 파일을 생성합니다. 에디터가 열리면 사전을 만든 후 **1**, 그 내용을 확인하기 위한 코드를 입력합니다 **2**.

입력을 마치면 **(모두저장)**을 눌러 저장해주세요.

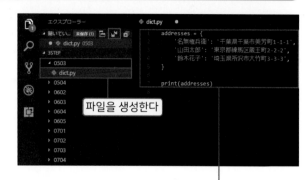

파일을 생성한다

>>>Tips

이처럼 하나의 명령이 길어지는 경우에는 요소를 구분하기 위해 줄 바꾸기를 하면 코드가 보기 쉬워집니다. 코드 중간에 줄을 바꿀 때에는 각 요소의 첫머리 위치를 동일하게 맞춰주면 더 보기가 편합니다.

```python
01: addresses = {
02:     '아무개': '지바현 지바시 미요시초 1-1-1',
03:     '야마다 타로': '도쿄도 네리마구 자오마치 2-2-2',
04:     '스즈키 하나코': '사이타마현 도코로자와시 오타케초 3-3-3',
05: }
06:
07: print(addresses)
```
2

1

2 코드 실행

[탐색기]에서 dict.py를 우클릭하고 **1**, 표시된 메뉴에서 [Run Python File in Terminal]을 선택합니다 **2**. 파일이 실행되어 사전 내용이 표시됩니다.

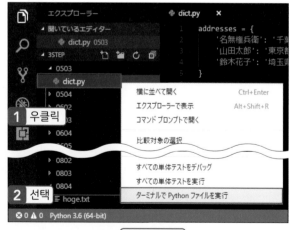

1 우클릭

2 선택

표시되었음

```
PS C:\3step> & python c:\3step\0503\dict.py
{'아무개': '지바현 지바시 미요시초 1-1-1', '야마다 타로': '도쿄도 네리마구 자오마치 2-2-2', '스
즈키 하나코': '사이타마현 도코로자와시 오타케초 3-3-3'}
```

3 사전에 액세스

❶번과 마찬가지로 [0503] 폴더에 'dict2.py' 라는 이름의 파일을 생성합니다. 에디터가 열리면 오른쪽과 같이 코드를 입력합니다. 사전을 신규로 생성한 후❶, 키 '야마다 타로'의 값에 액세스합니다❷.

입력을 마치면 🖫(모두저장)을 눌러 저장해 주세요.

>>> Tips

변수 addresses에 설정된 사전은 ❶번에서 작성한 것과 동일합니다. 입력하기 귀찮다면 dict.py에서 복사해도 상관없습니다.

파일을 생성한다

```
01: addresses = {
02:     '아무개': '지바현 지바시 미요시초 1-1-1',
03:     '야마다 타로': '도쿄도 네리마구 자오마치 2-2-2',
04:     '스즈키 하나코': '사이타마현 도코로자와시 오타케초 3-3-3',
05: }
06:
07: print(addresses['야마다 타로'])  ❷      ❶
```

4 코드 실행

❷번과 마찬가지로 dict2.py를 실행합니다. 키 '야마다 타로'의 값이 표시되는지 확인해 주세요.

```
PS C:\3step> & python c:\3step\0503\dict2.py
도쿄도 네리마구 자오마치 2-2-2
```

표시되었음

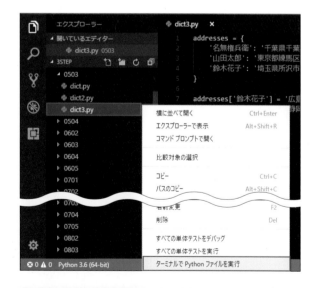

⑤ 사전 값 갱신/추가

❸번과 마찬가지로 [0503] 폴더에 'dict3.py' 라는 이름의 파일을 생성합니다. 에디터가 열리면 오른쪽과 같이 코드를 입력합니다. 키 '스즈키 하나코'의 값을 갱신하고❶, 키 '다나카 지로'의 값을 갱신한 후❷, 최종적인 리스트의 내용을 표시합니다❸.

입력을 마치면 🖫(모두저장)을 눌러 저장해 주세요.

파일을 생성한다

```
01:  addresses = {
02:      '아무개' : '지바현 지바시 미요시초 1-1-1',
03:      '야마다 타로' : '도쿄도 네리마구 자오마치 2-2-2',
04:      '스즈키 하나코' : '사이타마현 도코로자와시 오타케초 3-3-3',
05:  }
06:
07:  addresses['스즈키 하나코'] = '히로시마현 후쿠야마시 기타초 3-4'    ❶
08:  addresses['다나카 지로'] = '시즈오카현 시즈오카시 미나미초 5-6'    ❷
09:  print(addresses)                                                  ❸
```

⑥ 코드 실행

❷번과 같은 방법으로 dict3.py를 실행합니다. 값이 갱신/추가된 리스트의 내용이 표시됩니다.

표시되었음

```
PS C:\3step> & python c:\3step\0503\dict3.py
{'아무개' : '지바현 지바시 미요시초 1-1-1', '야마다 타로' : '도쿄도 네리마구 자오마치 2-2-2', '스즈
키 하나코' : '히로시마현 후쿠야마시 기타초 3-4', '다나카 지로' : '시즈오카현 시즈오카시 미나미초 5-6'}
```

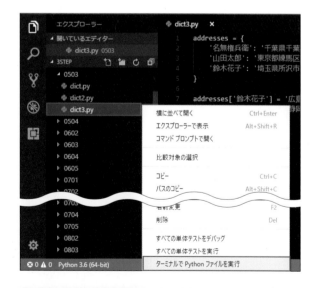

5번과 마찬가지 방법으로 [0503] 폴더에 'dict4.py'라는 이름의 파일을 생성합니다. 에디터가 열리면 오른쪽과 같이 코드를 입력합니다. 키 '야마다 타로'를 삭제하고**1**, 모든 키를 삭제한 후**2**, 사전 안을 확인합니다**3**.

입력을 마치면 🖫(모두저장)을 눌러 저장해 주세요.

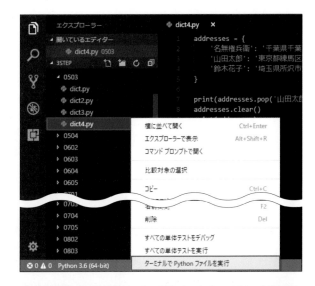

파일을 생성한다

```
01: addresses = {
02:     '아무개' : '지바현 지바시 미요시초 1-1-1',
03:     '야마다 타로' : '도쿄도 네리마구 자오마치 2-2-2',
04:     '스즈키 하나코' : '사이타마현 도코로자와시 오타케초 3-3-3',
05: }
06:
07: print(addresses.pop('야마다 타로'))    1
08: addresses.clear()                      2
09: print(addresses)                       3
```

2번과 마찬가지 방법으로 dict4.py를 실행합니다. 삭제된 키 '야마다 타로'의 값**1**과, 모든 값이 삭제된 후의 '{}'(빈 사전)**2**이 표시됩니다.

```
PS C:\3step> & python c:\3step\0503\dict4.py
도쿄도 네리마구 자오마치 2-2-2          1
{}                                      2
```

표시되었음

>>> 사전 생성하기 ·······························

사전을 만들 때에는, '키 : 값'의 조합을 쉼표로 구분하여, 이를 나열한 전체를 {…}로 감쌉니다 (체험❶).

'이름과 주소의 조합'을 저장하는 사전

```
addresses = {
  '아무개' : '지바현 지바시 미요시초 1-1-1',
  '야마다 타로' : '도쿄도 네리마구 자오마치 2-2-2',
  '스즈키 하나코' : '사이타마현 도코로자와시 오타케초 3-3-3',
}
```

addresses

아무개
지바현 지바시 미요시초 1-1-1

야마다 타로
도쿄도 네리마구 자오마치 2-2-2

스즈키 하나코
사이타마현 도코로자와시 오타케초 3-3-3

이렇게 세 개의 '이름과 주소의 한 쌍'이 저장된 사전(이름은 addresses)이 준비되었습니다.

>>> 사전 안의 값에 액세스하기 ························

사전 안의 값에는 '변수명['키']'의 형식으로 액세스할 수 있습니다. 키가 문자열이므로 따옴표로 감싸야 하는 것 외에는 리스트와 방법이 동일합니다(체험❸).

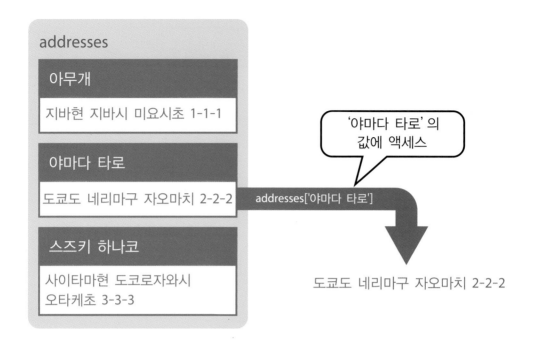

>>> 끝의 쉼표는 임의적

사전이나 리스트 마지막의 쉼표는 있든 없든 상관없습니다.

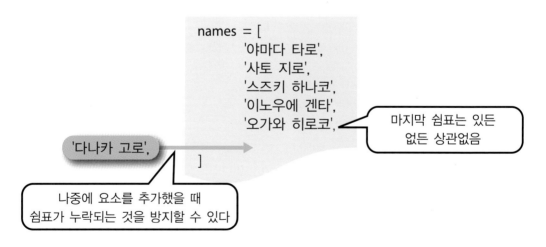

단, 요소를 줄 바꿈으로 나열하는 경우, 나중에 요소를 추가할 때에 쉼표를 넣는 것을 잊어버릴 때가 자주 있습니다. 따라서 요소를 줄 바꿈으로 나열하는 경우에는 마지막 값에도 쉼표를 넣어두는 경우가 아마 많을 것으로 생각됩니다. 이 책에서도 쭉 이러한 관례에 따르도록 하겠습니다.

키는 문자열이 아니라도 상관없다

사전의 키는 반드시 문자열이 아니라도 상관없습니다. 예를 들어 뒤에서 다룰 날짜/시각의 값이나 튜플 등을 키로 사용할 수도 있습니다(단, 리스트나 파일 등 키로 이용 불가능 것도 있습니다).

>>> 사전 안의 값을 갱신/추가하기

사전 안의 값을 갱신/추가할 때에는, '변수명['키'] = '…''라고 하면 됩니다(체험❺).

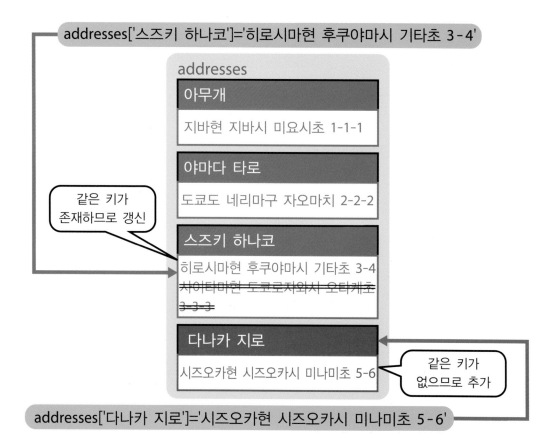

append와 같은 메소드는, 사전에는 존재하지 않습니다. 키를 확인하여 같은 키가 존재하는 경우에는 값을 갱신하고, 그렇지 않으면 키를 추가합니다.

사전 안에서 키는 항상 일의성을 가집니다(즉 중복되지 않음).

>>> 사전 안의 값을 삭제하기 ··

사전 안의 값을 삭제할 때에는 리스트와 마찬가지로 pop 메소드를 사용할 수 있습니다(체험⑦). 지정한 키의 값을 추출함과 동시에 사전에서는 삭제합니다. 값을 삭제하기만 하는 remove 메소드는 존재하지 않습니다.

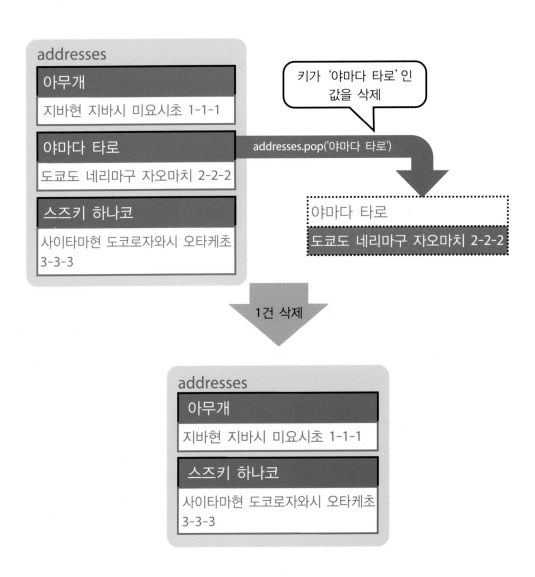

만약 사전의 내용을 완전히 지우고 싶다면 clear 메소드를 사용합니다.

💬 **칼럼** **변경 불가능한 리스트 ─ 튜플**

리스트와 아주 비슷한 형으로, **튜플**(tuple)이라는 형이 있습니다. 튜플은 쉼표로 구분한 값을 (…)로 감싸서 작성합니다.

```
>>> my_tuple = (5, True, '포치')  ── [튜플을 생성]
>>> my_tuple[2] = '타마'  ── [값을 변경]
Traceback (most recent call last):
  File "<stdin>", line 1, in <module>
TypeError: 'tuple' object does not support item assignment
```

'튜플[인덱스번호]'로 액세스할 수 있다는 점도 리스트와 동일하지만, 다른 점은 맨 처음 작성한 튜플을 변경할 수 없다는 것입니다('튜플[인덱스번호] = …'가 에러가 발생한다는 점에 주목하세요!). 따라서 append(추가), remove/pop(삭제) 등의 메소드도 사용할 수 없습니다.

사전의 키로 쓸 수 있어 중요한 역할을 하긴 하지만, 초급자는 별로 쓸 기회가 없습니다. 일단은 리스트/사전(가능하다면 둘 다)을 우선적으로 이해하도록 합시다.

정리

◉ 사전을 이용하여 '키와 값의 조합'으로 리스트를 생성할 수 있다.

◉ 사전은 {키 : 값, …}의 형식으로 작성할 수 있다.

◉ 사전 안에서 키는 중복될 수 없다.

◉ 사전 안의 값에는 '사전명['키']'로 액세스할 수 있다.

◉ 사전 안의 값을 삭제할 때에는 pop 메소드를 사용한다.

4 중복 없는 값, 세트 관리하기

완성파일 | 📁 [0504] → 📄 [set.py], 📄 [set2.py]

 예습 | 세트란? »»»

세트(집합)란, 복수의 값을 묶기 위한 형입니다.

이것만이라면 리스트와도 비슷하지만, 리스트와는 다르게 순번을 가지지 않습니다(즉, '몇 번째 요소를 추출한다'와 같은 동작은 불가능합니다).

또한 중복된 값을 허용하지 않습니다. 중복된 값을 추가한 경우에는 이를 무시합니다.

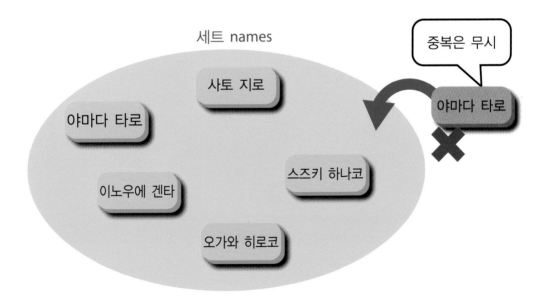

세트 names

사토 지로

야마다 타로

이노우에 겐타

스즈키 하나코

오가와 히로코

중복은 무시

야마다 타로

×

세트는 그 성질상 특정 값을 꺼내거나 넣기보다는, 어떤 값이 이미 존재하는지 여부를 체크하는 경우에 사용합니다. 리스트/사전에 비해 사용법을 이해하기 어려울지도 모르지만, 본격적으로 앱을 만들게 되면 자주 쓰게 되므로, 지금부터는 세트의 특징과 용법을 중심으로 설명하도록 하겠습니다.

1 세트 생성

47쪽의 순서와 마찬가지 방법으로 [0504] 폴더에 'set.py'라는 이름의 파일을 생성합니다.

에디터가 열리면 오른쪽과 같이 코드를 입력합니다. 세트를 신규로 생성하고 **1**, 안에 '스즈키 하나코'라는 값이 들어있는지를 확인한 후 **2**, 전체를 표시합니다 **3**.

입력을 마치면 ■(모두저장)을 눌러 저장해주세요.

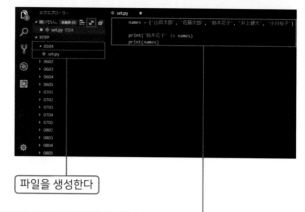

파일을 생성한다

```
01:  names = {'야마다 타로',  '사토 지로',  '스즈키 하나코',  '이노우에 겐타',  '오가와 히로코'}   1
02:
03:  print('스즈키 하나코' in names)   2
04:  print(names)   3
```

2 코드 실행

[탐색기]에서 set.py를 우클릭하고 **1**, 표시된 메뉴에서 [Run Python File in Terminal]을 선택합니다 **2**. 파일이 실행되어 오른쪽과 같이 세트 내용이 표시됩니다.

> **>>> Tips**
>
> 세트는 순번을 가지고 있지 않기 때문에, 실행 결과의 표시 순서는 매번 달라집니다.

```
PS C:\3step> & python c:\3step\0504\set.py
True
{'이노우에 겐타',  '사토 지로',  '오가와 히로코',  '스즈키 하나코',  '야마다 타로'}
```

표시되었음

3 세트에 액세스

①번과 마찬가지로 [0504] 폴더에 'set2.py'라는 이름의 파일을 생성합니다. 에디터가 열리면 오른쪽과 같이 코드를 입력합니다. 새로운 값을 추가하고①, 기존의 값을 삭제한 후②, 세트의 내용을 표시합니다③.

입력을 마치면 █(모두저장)을 눌러 저장해 주세요.

>>> Tips

변수 names에 설정된 세트는 ①번에서 생성한 것과 동일합니다. 입력하기 귀찮다면 set.py에서 복사해도 상관없습니다.

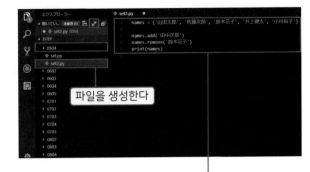

파일을 생성한다

```
01: names = {'야마다 타로', '사토 지로', '스즈키 하나코', '이노우에 겐타', '오가와 히로코'}
02:
03: names.add('다나카 지로')           1
04: names.remove('스즈키 하나코')       2
05: print(names)                      3
```

4 코드 실행

②번과 마찬가지로 set2.py를 실행합니다. 세트 내용이 표시되는 것을 확인합니다.

```
PS C:\3step> & python c:\3step\0504\set2.py
{'이노우에 겐타', '사토 지로', '다나카 지로', '야마다 타로', '오가와 히로코'}
```

표시되었음

이해 | 세트의 기본 이해하기

>>> 세트 생성하기 ·······················

세트를 생성하는 방법에는 다음과 같은 것들이 있습니다.

1 {값, …}으로 작성

리스트처럼 값을 쉼표로 구분하고 전체를 {…}로 감쌉니다. 이 방법에서는 빈 세트는 작성할 수 없습니다. { }라고 하면 (빈 세트가 아닌) 빈 사전으로 간주되기 때문입니다. 이때는 2번 방법을 써야합니다.

2 set 함수로 작성

set 함수에 리스트, 튜플, 사전 등으로 주어 세트를 작성할 수 있습니다. 빈 세트를 만들려면 'set( )'와 같이, 아무것도 지정하지 않고 set 함수만을 호출합니다.

names =['야마다 타로', '사토 지로', '스즈키 하나코', '야마다 타로']

리스트 names

| 야마다 타로 | 사토 지로 | 스즈키 하나코 | 야마다 타로 |

세트로
변환

set(names)

세트 names

야마다 타로

스즈키 하나코

사토 지로

세트로 변환되어 중복이던
'야마다 타로'가 하나만 남음

참고로, 리스트에서 세트로 변환하면 리스트 안의 값의 중복도 제거할 수 있습니다.

사전을 set 함수에 넘기는 경우에는 키를 바탕으로 세트가 생성됩니다.

▶▶▶ 세트에 값이 존재하는지 확인하기 ··

세트는 인덱스번호/키로 값에 액세스할 수 있는 수단을 갖고 있지 않습니다. 세트에서 할 수 있는 것은 for라는 명령으로 값을 열거하거나, in 연산자로 값의 유무를 판정하는 것뿐입니다(for에 대해서는, **7-2**에서 설명하겠습니다).

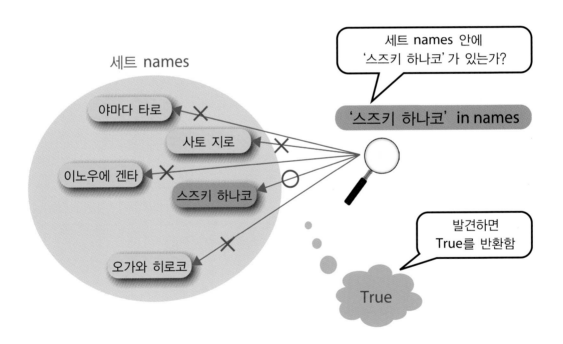

in 연산자는 값이 존재하면 True(참), 그렇지 않으면 False(거짓)라는 값을 반환합니다(체험❷).
True/False라는 값에 대해서는 **6-1**에서 다시 설명하겠습니다.

>>> **세트에 값을 추가/삭제하기** ···

세트에 값을 추가할 때에는 add 메소드를, 제거할 때에는 remove 메소드를 사용합니다. 순번을 가지고 있지 않으므로 중간에 끼워 넣는 insert와 같은 메소드는 없습니다. 세트의 내용을 전부 삭제하려면 clear 메소드를 사용합니다.

또한 add 메소드로 중복된 값을 추가한 경우, 세트는 이를 무시합니다.

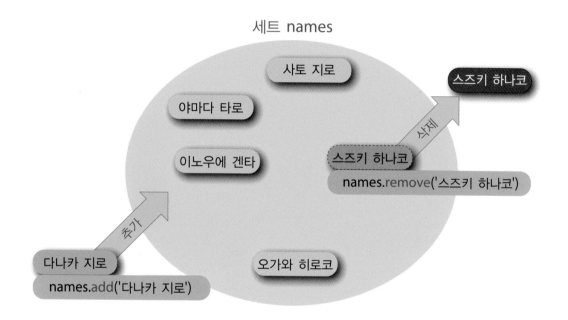

정리

◉ 세트는 순번을 갖지 않으며, 중복이 없는 값의 집합이다.

◉ 세트는 {값, …}의 형식 또는 set 함수로 작성할 수 있다.

◉ 세트 안의 값에는 for 명령으로 액세스할 수 있다(인덱스번호로 액세스할 수는 없다).

◉ in 연산자를 사용해 세트 안에 있는 요소가 존재하는지를 확인할 수 있다.

■ **문제 1**

다음은 파이썬에서 복수의 값을 묶어서 관리하기 위한 형에 대해 정리한 문장입니다. 빈칸을 채워 문장을 완성해보세요.

 ① 는 복수의 값을 순서를 매겨 관리하기 위한 형입니다. ① 안에 저장한 값을 ② 라고 하며, ② 에 액세스하기 위해서는 ③ 를 키로 사용합니다.

 ① 와 매우 비슷한 형으로는 ④ 이 있지만, 이것은 처음 작성한 후에는 내용을 변경할 수 없다는 점이 다릅니다. 이 외에도 키와 값을 짝을 지어 값을 관리하는 ⑤ 과, 순서를 갖고 있지 않은 ⑥ 와 같은 형이 있습니다.

■ **문제 2**

다음 지시에 따라 대응하는 코드를 작성해봅시다.

1. '아, 이, 우, 에, 오'라는 값을 포함하고 있는 리스트 list
2. 기존의 리스트 list에 새로 '이로하'라는 값을 추가
3. 키, 값이 각각 'flower, 꽃', 'animal, 동물', 'bird, 새'인 사전 dic
4. 사전 dic의 내용을 완전히 폐기
5. '아, 이, 우, 에, 오'라는 값을 포함하고 있는 세트 set

■ **문제 3**

다음은 리스트를 사용한 코드입니다. 최종적으로 완성되는 변수 names의 내용을 답해보세요.

```
# list.py
names = ['야마다 타로', '사토 지로', '스즈키 하나코']
names.append('이노우에 겐타')
names.insert(2, '오가와 히로코')
data = names.pop(3)
names.remove('야마다 타로')
```

조건분기

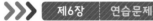

제 6 장 조건분기

1 두 개의 값을 비교하기

완성파일 | 없음

 예습 | 비교연산자란? >>>

서로 다른 두 개의 값을 비교하기 위한 기호(연산자)를 가리켜 **비교연산자**라고 합니다. 비교연산자를 이용하면 값이 같은지, 크거나 작은지 등의 관계를 확인할 수 있습니다.

비교연산자는 앞으로 익힐 조건분기, 반복문 등을 다루는 데 있어 필수적이므로 먼저 각각의 동작을 확인해보도록 하겠습니다.

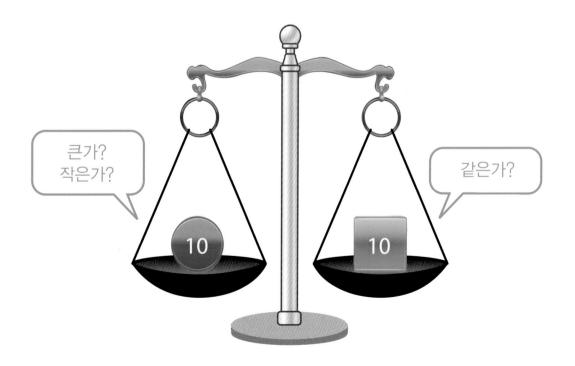

체험 | 비교연산자 사용

1 파이썬셸 구동

파워셸을 켜서 커맨드라인에 python 커맨드를
실행합니다. Mac의 경우에는 터미널을 열고
python3 커맨드를 실행합니다. 파이썬셸이 구
동됩니다.

```
PS C:¥Users¥nami> python
Python 3.6.4 (v3.6.4:d48eceb, Dec 19 2017, 06:54:40) [MSC v.1900 64 bit (AMD64)]
on win32
Type "help", "copyright", "credits" or "license" for more information.

>>>
```

2 값이 같은지 비교

수치 또는 문자열이 서로 같은지 비교해봅시
다. 오른쪽과 같이 커맨드를 입력하고 **1**, 실행
해주세요.

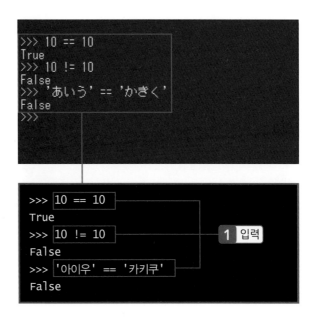

```
>>> 10 == 10
True
>>> 10 != 10
False
>>> '아이우' == '카키쿠'
False
```

1 입력

③ 값의 대소 비교

수치 또는 문자열이 서로 큰지 작은지를 비교해봅시다. 오른쪽과 같이 커맨드를 입력하고 **1**, 실행해주세요.

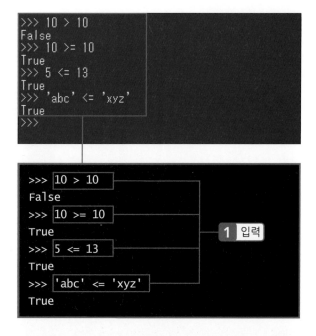

```
>>> 10 > 10
False
>>> 10 >= 10
True
>>> 5 <= 13
True
>>> 'abc' <= 'xyz'
True
>>>
```

```
>>> 10 > 10
False
>>> 10 >= 10
True
>>> 5 <= 13
True
>>> 'abc' <= 'xyz'
True
```

1 입력

④ 리스트 비교

미리 리스트를 준비해두고**1**, 이를 비교연산자로 비교합니다. 오른쪽과 같이 커맨드를 입력하고 실행해주세요**2**.

```
>>> data1 = [1, 2, 3]
>>> data2 = [1, 2, 3]
>>> data3 = [1, 2, 5]
>>> data4 = [1, 2, 2, 4]
>>> data1 == data2
True
>>> data1 == data4
False
>>> data1 < data3
True
>>> data1 > data4
True
>>>
```

```
>>> data1 = [1, 2, 3]
>>> data2 = [1, 2, 3]
>>> data3 = [1, 2, 5]
>>> data4 = [1, 2, 2, 4]
>>> data1 == data2
True
>>> data1 == data4
False
>>> data1 < data3
True
>>> data1 > data4
True
```

1

2

5 문자열에 부분 문자열이 포함되어 있는지 확인

문자열 '아이우에오'에 지정된 부분 문자열 '우에'가 들어있는지 확인합니다. 오른쪽과 같이 커맨드를 입력하고 실행해주세요 **1**.

```
>>> 'うえ' in 'あいうえお'
True
>>>
```

```
>>> '우에' in '아이우에오'   1
True
```

6 리스트/사전에 있는 요소가 포함되어 있는지 확인

리스트에 값 '파랑'이 포함되어 있는지 **1**, 사전에 키 'blue'가 포함되어 있는지 **2**를 각각 확인합니다. 오른쪽과 같이 커맨드를 입력하고 실행해주세요.

```
>>> data = ['赤', '黄', '青']
>>> '青' in data
True
>>> map = { 'red': '赤', 'yellow': '黄', 'blue': '青' }
>>> 'blue' in map
True
>>>
```

```
>>> data = ['빨강', '노랑', '파랑']   1
>>> '파랑' in data
True
>>> map = { 'red': '빨강', 'yellow': '노랑', 'blue': '파랑' }   2
>>> 'blue' in map
True
```

>>> 비교연산자

파이썬의 비교연산자로는 다음과 같은 것들이 있습니다.

연산자	판정하는 내용	수학 기호
==	좌변과 우변이 같은가	=
!=	좌변과 우변이 같지 않은가	≠
<	좌변이 우변보다 작은가	<
<=	좌변이 우변 이하인가	≤
>	좌변이 우변보다 큰가	>
>=	좌변이 우변 이상인가	≥
in	좌변이 우변에 포함되는가	없음

수학에서도 등장하는 등호/부등호이기 때문에 직관적으로 이해하기 쉬울 것입니다. 단, 비슷하기 때문에 주의해야 하는 것이 바로 ==입니다.

실수로 =로 적지 않도록 해야 합니다. 이전 장까지 다루어왔듯이, =는 '좌변의 변수에 우변의 값을 대입하는' 연산자이기 때문입니다.

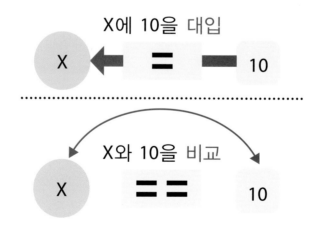

>>> 비교연산자는 bool값을 반환한다

비교연산자는 비교한 결과를 bool값으로 반환합니다. **bool값**이란, True(참), False(거짓) 중의 하나만을 나타내는 값입니다. 진리값이라고도 합니다.

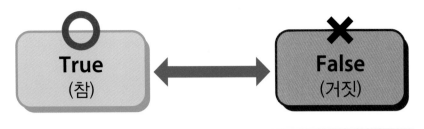

둘 중 하나만을 나타내는 bool값(진리값)

예를 들어 10 == 10인 경우, 10과 10은 같으므로 True(참)라는 값이 반환됩니다. 비교 결과가 True / False 어느 쪽인가에 따라서 파이썬이 그 뒤에 실행할 처리를 변경하게 되는데, 이에 대해서는 다음 절에서 설명하겠습니다.

⟫⟫⟫ 비교연산자로는 문자열/리스트도 비교할 수 있다 ·······························

비교연산자로 비교할 수 있는 것은 수치뿐만이 아닙니다. 문자열 / 리스트의 크고 작음도 비교할 수 있습니다.

1 문자열의 경우

문자열의 대소는 사전순으로 비교됩니다. 사전에서는 'a'보다 'b'가 뒤에 있으므로 'a<b'가 됩니다. 'abc'와 'abde'의 경우는, 'ab'까지가 같으므로 세 번째 문자인 'c'와 'd'를 비교하여, 'c<d'이므로, 'abc<abde'가 됩니다.

기본적으로는 문자열 비교와 같습니다. 맨 처음부터 요소를 비교해나가다가 처음으로 다른 요소가 있을 경우, 그 대소로 리스트 전체의 크고 작음을 결정합니다.

▷▷▷ 특정 문자/요소가 포함되어 있는지 판정하기 ·······················

in 연산자를 사용해 문자열에 특정 부분의 문자열이 포함되어 있는지 판정할 수 있습니다.

　앞서 **5-4**의 세트에서 비슷한 예를 소개했는데, 이와 동일합니다.

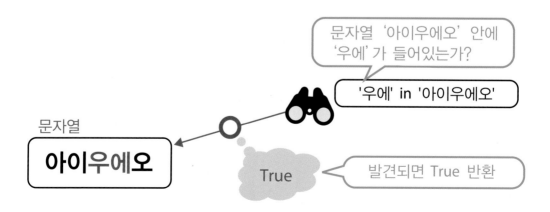

참고로, in 연산자는 리스트 / 사전에서도 쓸 수 있습니다. 이 경우에는 각각 지정된 요소 / 키가 원래의 리스트 / 사전에 존재하는지 여부를 확인하는 의미가 됩니다.

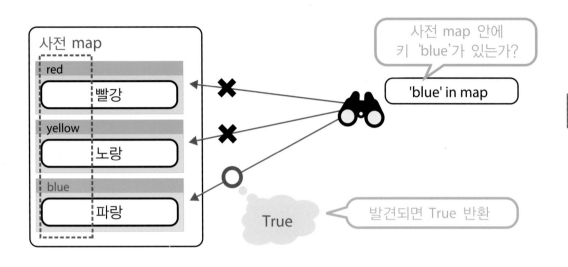

특히 사전은 존재하지 않는 키에 액세스하면 에러가 발생하므로, 각각의 요소에 액세스할 때에는 in 연산자로 미리 확인해야 합니다.

정리

- ⊚ 비교연산자는 두 개의 값의 크고 작음 등을 비교할 때 사용한다.
- ⊚ 비교연산자는 비교의 결과를 True/False 값으로 반환한다.
- ⊚ 문자열끼리 비교하는 경우, 사전 순서대로 비교한다.
- ⊚ 리스트끼리 비교하는 경우, 맨 처음 요소부터 순서대로 비교한다.
- ⊚ in 연산자를 사용함으로써, 문자열에 특정 부분의 문자열이 포함되어 있는지, 혹은 리스트 / 사전에 요소 / 키가 포함되어 있는지 판정할 수 있다.

2 조건에 따라 처리 분기하기

완성파일 | 📁 [0602] → 📄 [if.py]

 예습 | 조건분기란? ⟫⟫⟫

지금까지 작성한 스크립트는 맨 처음부터 순서대로 실행해나가는 것이 기본이었습니다. 하지만 처리는 항상 이렇게 이루어지지는 않습니다. '○○이었다면 ~하고 싶다', '▲▲라면 ~하고 싶다'와 같이, 어떠한 조건에 따라 처리(행동)도 바뀌는 경우가 있습니다.

사람의 행동에 비유하면 더 이해하기 쉽습니다. 집을 나설 때 '비가 내리고 있으면 우산을 가지고' 나갑니다. 이와 같은 조건에서는 비가 내리지 않을 때에는 우산을 가지고 나가지 않습니다. 이것이 바로 **조건분기**입니다.

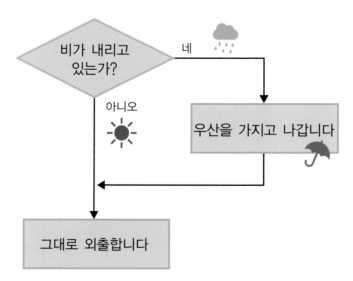

지금부터는 조건분기의 예로, 시험 점수를 입력하면 커트라인인 70점을 기준으로 이를 넘으면 '축하합니다! 합격입니다!'라는 메시지를, 그렇지 않으면 '유감입니다… 불합격입니다'라는 메시지를 표시하는 코드를 만들어보겠습니다.

1 조건분기 블록 기술

47쪽의 순서에 따라 [0602] 폴더에 'if.py'라는
이름의 파일을 생성합니다. 에디터가 열리면
오른쪽과 같이 코드를 입력합니다. 프롬프트
에서 입력을 요청한 후**1**, 해당 값이 70 이상
인 경우에만 메시지를 표시합니다**2**.

입력을 마치면 ▣(모두저장)을 눌러 파일을
저장해주세요.

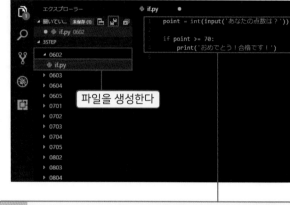

파일을 생성한다

>>>Tips

int는 문자열을 정수로 변환하기 위한 함수입니다.
input 함수의 반환값은 문자열이므로, int 함수를
이용해 수치로 변환하지 않으면 나중에 제대로
비교할 수 없습니다.

```
01: point = int(input('당신의 점수는?'))    1
02:
03: if point >= 70:                        2
04:     print('축하합니다! 합격입니다!')
```

2 코드 실행(메시지가 표시되는 경우)

[탐색기]에서 if.py를 우클릭하고**1**, 표시된 메
뉴에서 [Run Python File in Terminal]을 선택
합니다**2**. 파일이 실행되어 시험 점수를 물으
면 일단 70 이상의 값을 입력하고 [Enter]를
누릅니다**3**. 메시지가 표시되는 것을 확인합
니다**4**.

```
PS C:\3step> & python c:\3step\0602\if.py
당신의 점수는? 75    3
축하합니다! 합격입니다!    4
```

3 코드 실행
(메시지가 표시되지 않는 경우)

2번과 마찬가지로 if.py를 실행합니다. 시험 점수를 물으면 70 미만의 값을 입력하고 Enter 를 누릅니다**1**. 이번에는 메시지가 표시되지 않고 그대로 샘플이 종료됩니다**2**.

>>> **Tips**

통합터미널상에서 ↑키를 1회 누르면 바로 전에 실행한 커맨드가 표시됩니다. 같은 코드를 여러 번 실행하는 경우에는 이 상태에서 Enter 를 눌러 실행해도 상관없습니다.

4 else 블록 기술

1번에서 작성한 코드에 오른쪽과 같이 코드를 추가합니다**1**. 입력값(변수 포인트)이 70 미만인 경우에도 표시되는 코드입니다.

입력을 마치면 🖬(모두저장)을 눌러 파일을 저장해주세요.

 추가한다

```
05:  else:
06:      print('유감입니다… 불합격입니다')
```

5 코드 실행

3번과 마찬가지로 if.py를 실행합니다. 시험 점수를 물으면 70 미만의 값을 입력하고 Enter 를 누릅니다**1**. 메시지가 표시되는 것을 확인합니다**2**.

>>> **Tips**

메시지가 아무것도 표시되지 않았던 **3**번의 경우와 결과를 비교해봅시다.

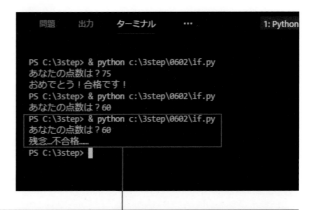

⟩⟩⟩ if 명령의 사용법

if 명령은 다음과 같이 사용합니다.

[구문] if 명령

```
if 조건식 :
    조건식이 참인 경우에 실행하는 명령
```

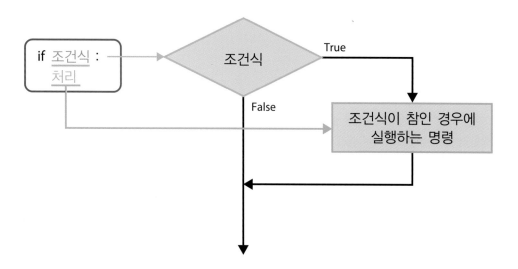

조건식이란, **6-1**에서 학습한 것과 같은 bool값(True, False)을 반환하는 식입니다. 'point> =70'이면, '변수 포인트가 70 이상인 경우에 True를 반환한다'입니다.

if 명령에서는 조건식이 True인 경우, 그 직후의 블록을 실행합니다. 조건식의 바로 뒤 ' : '(콜론)은 의외로 잊어버리기 쉬우므로 빠뜨리지 않도록 주의합시다.

💬 칼럼 | **플로차트**

위 그림과 같이 프로그램의 흐름(flow)을 나타낸 그림(chart)을 가리켜 **플로차트**라고 합니다.
일반 플로차트에서는 처리를 직사각형, 분기를 마름모꼴로 표시합니다. 이후에도 등장하므로 기억해두도록 합시다.

>>> 파이썬의 블록 ··

블록이란, 명령(문)의 덩어리입니다.

　여기에서 기억해두어야 하는 것은, 파이썬에서는 **블록을 들여쓰기**(indent)로 **표기한다**는 점입니다.

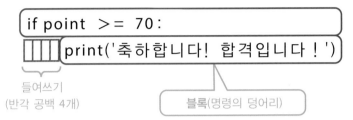

　체험의 코드에서는 들여쓰기가 된 명령(문)은 하나였지만, 여러 개의 문장을 블록에 추가해도 상관없습니다.

　블록을 빠져나오면 들여쓰기를 없애고 원래 위치로 돌아갑니다.

>>> 들여쓰기 표기법 ··

들여쓰기를 나타낼 때에는 ⬚(반각 공백)을 사용하는 방법과, [Tab]을 사용하는 방법이 있습니다. 단, 탭은 에디터 설정에 따라서 화면에서 다르게 표시되기도 합니다.

　따라서 들여쓰기는 원칙적으로 **반각 공백 4개**로 나타내는 것을 기본이라고 생각해주세요. 탭도 에러가 발생하지는 않지만, 권장하지는 않습니다(단, 동일 블록 안에서 반각 공백과 탭이 섞여 있으면 에러가 발생합니다).

>>> 조건식의 범위에는 주의 필요! ··

조건식 'score >= 70'은 정확히 70점이거나 이보다 큰 경우에 True가 됩니다.

　반면 'score > 70'은 70점보다 큰 경우에만 True가 됩니다(정확히 70점인 경우에는 False가 됩니다).

　조건식을 나타내는 경우 이와 같은 경계가 되는 값을 포함할지, 포함하지 않을지 주의할 필요가 있습니다.

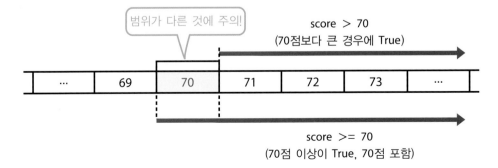

>>> '그렇지 않으면'을 나타내는 'else'

if 명령에서는 else를 추가하여 '그렇지 않으면 ○○하시오'라고 나타낼 수도 있습니다.

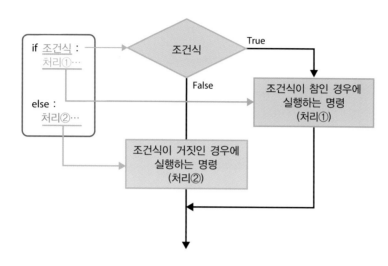

체험❹에서는, 조건식 'point >= 70'이 False이면(점수가 70점 미만이면) else 이후의 블록을 실행합니다.

if 블록과 마찬가지로 else 블록에도 여러 개의 문장을 나열할 수 있습니다.

💬 칼럼 | if 블록, else 블록

if 바로 뒤의 블록을 if 블록, else 이후의 블록을 else 블록이라고 합니다. 앞으로도 for 블록, while 블록 등과 같은 단어가 등장하므로, 기억해두도록 합시다.

정리

- ● '만약 ○○이라면 ××하시오'는 if 명령으로 표현할 수 있다.
- ● 여러 개의 구문을 묶은 것을 가리켜 블록이라고 한다.
- ● 블록은 들여쓰기(indent)로 표시한다.
- ● else 블록으로 '그렇지 않으면'을 표현할 수 있다.

제 **6** 장 조건분기

3 더 복잡한 분기 만들기 (1)

완성파일 | 📁 [0603] → 📄 [if.py]

 예습 **여러 개의 조건식을 조합하는 elif** 〉〉〉

if … else 명령에서는 '만약 ○○라면 □□하시오, 그렇지 않으면 △△하시오'와 같이, 하나의 조건 식에 따른 처리를 두 가지로 분기했습니다.

elif를 추가하면 더 복잡한 분기를 표현하는 것이 가능해집니다. '만약 ○○라면 □□를, ●●라면 ■■를 실행하고, 이에 하나도 해당되지 않으면 △△하시오'라는 표현입니다.

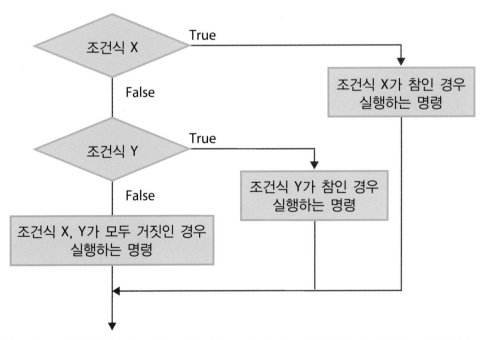

　지금부터는 **6-2**의 샘플을 수정해, 90점 이상, 70점 이상, 50점 이상, 그 미만일 때 표시하는 메시 지를 각각 바꿔보겠습니다.

체험 elif로 다중분기 표현하기

1 파일 복사

VSCode의 탐색기에서 [0602] 폴더의 'if.py'를 우클릭하고 **1**, 표시된 메뉴에서 [복사]를 선택합니다 **2**.

2 붙여넣기

[0603] 폴더를 우클릭하고 **1**, 표시된 메뉴에서 [붙여넣기]를 선택합니다 **2**.

①번에서 복사한 파일을 열어 오른쪽과 같이
편집합니다. 점수(변수 포인트)가 90 이상인
경우에 메시지를 표시하는 코드를 추가합니
다①.

　편집이 끝나면 ■(모두저장)을 눌러 파일을
저장해주세요.

```
01:  point = int(input('당신의 점수는?'))
02:
03:  if point >= 90:
04:      print('대단해요! 완벽한 합격입니다!')
05:  elif point >= 70:
06:      print('축하합니다! 합격입니다!')
07:  else:
08:      print('유감입니다… 불합격입니다')
```
1

4 코드 실행

[탐색기]에서 if.py를 우클릭하고①, 표시된 메
뉴에서 [Run Python File in Terminal]을 선택
합니다②. 파일이 실행되어 시험 점수를 물으
면, 일단 90점 이상의 값을 입력하고 Enter
를 누릅니다③. 90점 이상일 때 메시지가 표시
되는 것을 확인합니다④.

　마찬가지로 샘플을 실행해서 이번에는 시
험 점수로 70 이상 90 미만의 값을 입력하고
Enter 를 누릅니다⑤. 그러면 70점 이상일
때의 메시지가 표시됩니다⑥.

```
PS C:\3step> & python c:\3step\0603\if.py
당신의 점수는? 95        ── 3
대단해요! 완벽한 합격입니다!  ── 4
PS C:\3step> & python c:\3step\0603\if.py
당신의 점수는? 75        ── 5
축하합니다! 합격입니다!     ── 6
```

5 '50점 이상인 경우' 추가

❸번에서 작성한 코드를 오른쪽과 같이 편집합니다. 점수(변수 포인트)가 50 이상인 경우에 메시지를 표시하는 코드를 추가합니다❶. 편집 후에는 ▦(모두저장)을 눌러 파일을 저장해주세요.

```python
point = int(input('あなたの点数は？'))

if point >= 90:
    print('素晴らしい！文句なしの合格です！')
elif point >= 70:
    print('おめでとう！合格です！')
elif point >= 50:
    print('残念！もう少しでした……')
else:
    print('残念…不合格……')
```

```python
01: point = int(input('당신의 점수는?'))
02:
03: if point >= 90:
04:     print('대단해요! 완벽한 합격입니다!')
05: elif point >= 70:
06:     print('축하합니다! 합격입니다!')
07: elif point >= 50:          1
08:     print('유감입니다! 조금 부족했네요…')
09: else:
10:     print('유감입니다… 불합격입니다')
```

6 코드 실행

❷번과 마찬가지로 if.py를 실행합니다. 먼저 90점, 70점 이상의 메시지가 제대로 표시되는지 확인합니다❶. 그리고 점수로 50점 이상 70점 미만의 값을 입력하고 50점 이상일 때의 메시지가 표시되는지 확인합니다❷.

```
PS C:\3step> & python c:\3step\0603\if.py
당신의 점수는? 95
대단해요! 완벽한 합격입니다!
PS C:\3step> & python c:\3step\0603\if.py
당신의 점수는? 75
축하합니다! 합격입니다!
PS C:\3step> & python c:\3step\0603\if.py
당신의 점수는? 55
유감입니다! 조금 부족했네요…
```

>>> elif로 분기를 더 추가하기

elif를 사용해 if 명령으로 3개 이상의 분기를 만들 수 있습니다. elif는 'elseif'나 'else if'가 아니므로 철자에도 주의해주세요.

[구문] if … elif 명령

```
if 조건식1 :
    조건식1이 True일 경우 실행하는 명령(군)
elif 조건식2 :
    조건식2가 True일 경우 실행하는 명령(군)
    …
else :
    모든 조건식이 False일 경우 실행하는 명령(군)
```

elif 블록은 분기하는 수만큼 나열해 기술할 수 있습니다(체험❸). 체험에서는 else까지 포함해서 4개의 분기를 작성했는데, 같은 방법으로 5개 이상의 분기도 작성할 수 있습니다.

>>> 실행되는 블록은 하나

체험❹의 결과를 보고 의문이 생긴 사람이 있을지도 모릅니다. 변수 포인트가 95라면, 'point >= 90' 또는 'point >=70'도 True이므로, '대단해요! 완벽한 합격입니다!', '축하합니다! 합격입니다!'가 둘 다 표시되어야 하는 것은 아닐까? 하고 말입니다.

하지만 체험❹가 올바른 결과입니다. if … elif 명령에서는 복수의 조건이 True인 경우라도 실행되는 것은 최초의 블록뿐이기 때문입니다.

point = 95

일치

if … elif 명령에서는
맨 처음 일치한 블록만
실행된다

point >= 90 — True → '대단해요! 완벽한
합격입니다!' 를 표시

False

point >= 70 — True → '축하합니다!
합격입니다!' 를 표시

False

'유감입니다…
불합격입니다' 를 표시

체험❸의 코드에서는, 맨 처음의 조건식 'point > = 90'에 일치해서 아래 블록이 실행되므로, 두 번째 이후의 블록은 실행되지 않습니다(조건식이 판정을 거치지도 않습니다).

elif 블록에서 범위를 나타내는 조건식(<, < =, > =, > 등의 연산자를 사용한 조건식입니다)을 열거하는 경우에는, 범위가 좁은 쪽을 앞에 기술해야만 합니다.

정리

◉ elif를 사용해 복수의 조건을 열거하여 다중분기를 만들 수 있다.

◉ 복수의 elif(조건식)가 일치하는 경우라도, 실행되는 것은 맨 처음의 블록뿐이다.

◉ 범위가 있는 조건식을 열거하는 경우에는 범위가 좁은 쪽을 앞에 기술한다.

4 더 복잡한 분기 만들기 (2)

완성파일 | 📁 [0604] → 📄 [nest.py]

 예습 | **if 명령의 중첩이란?** ⟫⟫⟫

if/elif/else 블록 안에 if 명령을 더 끼워 넣을 수도 있습니다. 이를 가리켜 if 명령의 **중첩**(nest)이라고 합니다. if 명령을 끼워 넣음으로써 더 복잡한 분기도 만들 수 있게 됩니다.

예를 들어 다음 그림의 예에서는, 우선 '비가 내리는가?'의 처리를 분기합니다. 그리고 비가 내리는 경우에는 자전거로 이동할 것인지의 여부에 따라 '우산을 가지고 간다'인지 '우비를 입는다'인지를 분기합니다. 이와 같은 두 개의 분기를 중첩으로 표현할 수 있는 것입니다.

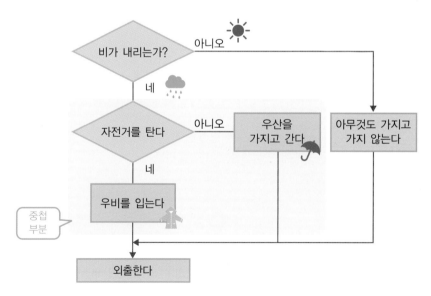

이번 절에서는 시험 점수를 입력하면 커트라인인 70점을 기준으로, 이를 상회하는 경우는 '합격', 밑도는 경우는 '불합격'이라고 하겠습니다. 단, 불합격인 경우도 50점 이상인지 여부를 판정해서 추가로 메시지를 표시해보겠습니다.

if 명령을 중첩으로 배치하기

1 조건분기 블록 기술

47쪽의 순서에 따라 [0604] 폴더에 'nest.py'
라는 이름의 파일을 생성합니다. 에디터가 열
리면 오른쪽과 같이 코드를 입력합니다**1**. 프
롬프트에서 입력을 요구한 후, 그 값이 70 이
상인지에 따라 맞는 메시지를 표시합니다**2**.

　입력을 마치면 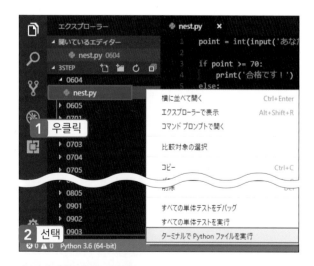(모두저장)을 눌러 저장해
주세요.

파일을 생성한다

```
01:  point = int(input('당신의 점수는?'))          1
02:
03:  if point >= 70:
04:      print('합격입니다!')
05:  else:                                          2
06:      print('유감입니다… 불합격입니다')
```

2 코드 실행

[탐색기]에서 nest.py를 우클릭하고**1**, 표시
된 메뉴에서 [Run Python File in Terminal]을
선택합니다**2**. 파일이 실행되면 시험 점수를
물어오므로, 일단 70 미만인 값을 입력하고
[Enter]를 누릅니다**3**. 불합격 메시지가 표시
되는지 확인합니다**4**.

1 우클릭

2 선택

```
PS C:\3step> & python c:\3step\0604\nest.py
당신의 점수는? 60          3
유감입니다… 불합격입니다          4
```

①번에서 작성한 코드를 오른쪽과 같이 편집
합니다. 입력값(변수 포인트)이 70 미만인 경
우, 추가로 그 값이 50 이상인지를 판정하여
추가 메시지를 표시합니다 **1**.

　편집을 마쳤다면 (모두저장)을 눌러 파일
을 저장해주세요.

```python
01: point = int(input('당신의 점수는?'))
02:
03: if point >= 70:
04:     print('합격입니다!')
05: else:
06:     print('유감입니다… 불합격입니다')
07:     if point >= 50:
08:         print('아주 조금 부족했네요…')
09:     else:
10:         print('더 분발합시다!')
```
1

②번과 마찬가지로 nest.py를 실행합니다. 우
선 60이라고 입력하고 Enter 를 누르면 불합
격 메시지가 뜹니다. 이때 50점 이상일 때 뜨
는 메시지가 추가적으로 표시되는지 확인해
봅시다 **1**.

　마찬가지로 샘플을 실행해서, 이번에는 시
험 점수로 40을 입력하고 Enter 를 누릅니
다. 그러면 50점 미만일 때 뜨는 메시지가 추
가로 표시됩니다 **2**.

```
PS C:\3step> & python c:\3step\0604\nest.py
당신의 점수는? 60
유감입니다… 불합격입니다          1
아주 조금 부족했네요…
PS C:\3step> & python c:\3step\0604\nest.py
당신의 점수는? 40
유감입니다… 불합격입니다          2
더 분발합시다!
```

>>> **if/else 블록 명령의 중첩** ···

6-2에서도 설명했듯이 파이썬에서는 블록을 들여쓰기로 표현합니다. 따라서 중첩을 만들려면 들여쓰기 안에 한 번 더 들여쓰기를 하면 됩니다.

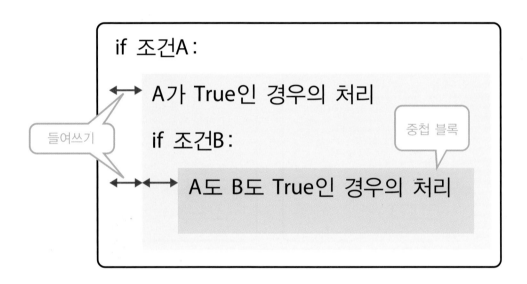

여기에서는 if 블록의 중첩에 대해 설명하고 있지만, elif/else도 중첩으로 끼워 넣어도 상관없으며, 이 뒤에 나오는 for/while 등의 블록도 마찬가지로 끼워 넣을 수 있습니다. 또한 if와 for, while과 같이 서로 다른 블록들도 중첩시킬 수 있습니다. 구체적인 예는 각각의 관련 절을 참조해주세요.

💬 **칼럼** | **중첩의 중첩도 가능**

중첩된 if 블록에 또 if 블록을 중첩시킬 수도 있습니다. 중첩의 층에 제한은 없지만 지나치게 많이 중첩될 경우에는 그만큼 코드도 읽기 어려워지므로, 일반적으로는 2~3단 정도만 끼워 넣는 것을 권장합니다.

>>> 중첩에서는 들여쓰기에 주의 ···

블록을 끼워 넣는(중첩하는) 경우, 들여쓰기를 어디까지 되돌릴 것인지에도 주의해야 합니다. 바깥 if 블록에 이어서 코드를 쓰려는 경우에는 그림(좌측)처럼 해서는 안 됩니다.

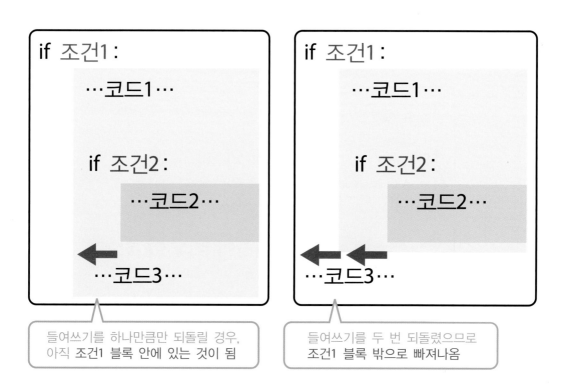

들여쓰기 위치가 조건2의 if 블록과 같으므로, 코드3이 조건1의 if 블록의 일부로 간주되기 때문입니다. 중첩된 블록을 완전히 빠져나오려면 들여쓰기도 바깥의 if 위치까지 되돌려야 합니다(그림 우측).

💬 칼럼 | 들여쓰기를 사용하면

들여쓰기로 블록을 나타내면 블록의 범위가 시각적으로도 명확해집니다.

　예를 들어 JavaScript와 같은 언어에서는 블록은 {…}로 표현합니다. 관례적으로 블록 안에서 들여쓰기를 하든 안 하든 상관은 없습니다.

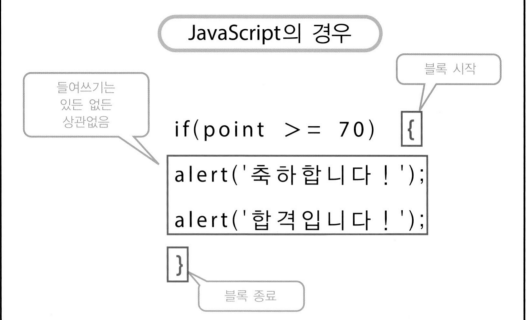

JavaScript의 경우

블록 시작

들여쓰기는
있든 없든
상관없음

```
if(point  >= 70)  {
    alert('축하합니다!');
    alert('합격입니다!');
}
```

블록 종료

　들여쓰기는 어디까지나 보기 쉽게 하기 위해서 존재하는 것이므로, 넣을지 말지는 개발자에게 달려 있습니다. 하지만 파이썬에서는 문법의 일부이기 때문에 들여쓰기의 사용은 강제적입니다. 따라서 문법을 지켜 자연스럽게 읽기 편한 코드를 작성하도록 합시다.

정리

- if 블록 안에 if 블록을 포함시키는 것을 가리켜 중첩(nest)이라고 한다.
- 중첩은 if뿐만 아니라, while/for 등의 블록에도 사용 가능하다.
- 블록을 중첩하는 경우, 블록을 빠져나왔을 때의 들여쓰기의 위치에 주의한다.

 복합적인 조건 나타내기

완성파일 | 📁 [0605] → 📄 [logic.py]

 예습 | **조건식을 조합하는 논리연산자** >>>

더욱 복잡한 조건분기를 표현하려는 경우, if 블록 자체를 중첩하는 것만으로는 부족할 수 있습니다. 이때 **논리연산자**라는 방법을 이용함으로써 조건식 자체를 조합해 훨씬 복잡한 조건식을 나타낼 수도 있습니다.

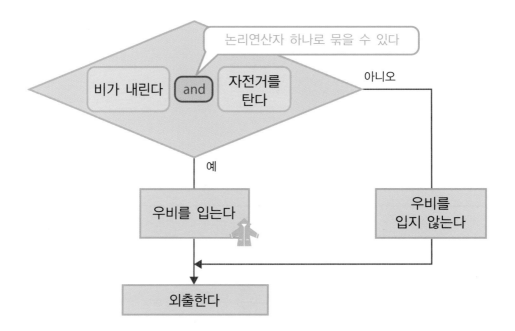

이번 절에서는 국어/산수 점수를 입력하면, 둘 다 70점 이상이면 '합격입니다!', 한쪽만 70점 이상일 경우에는 '조금만 더! 약한 부분을 극복합시다!', 둘 다 70점 미만일 경우에는 '유감입니다… 불합격입니다'라는 메시지를 표시해보도록 하겠습니다.

1 조건분기 블록 기술

47쪽의 순서에 따라 [0605] 폴더에 'logic.py' 라는 이름의 파일을 생성합니다. 에디터가 열리면 오른쪽과 같은 코드를 입력합니다. 프롬프트에서 국어/산수 점수를 입력하게 한 후 **1**, 두 값이 70 이상인지에 따라서 메시지를 표시하게 합니다**2**.

입력을 마치면 💾(모두저장)을 눌러 저장해주세요.

파일을 생성한다

```
01:  ja = int(input('국어 점수는?'))
02:  ma = int(input('산수 점수는?'))
03:
04:  if ja >= 70 and ma >= 70:
05:      print('합격입니다!')
06:  else:
07:      print('유감입니다… 불합격입니다')
```
1
2

2 국어/산수 둘 중 하나가 70점 미만인 경우의 코드 추가

1번에서 작성한 코드를 오른쪽과 같이 편집합니다. 국어/산수 코드 중 하나가 70점 미만인 경우의 분기를 추가합니다**1**.

편집을 마쳤다면 💾(모두저장)을 눌러 파일을 저장해주세요.

```
04:  if ja >= 70 and ma >= 70:
05:      print('합격입니다!')
06:  elif ja >= 70 or ma >= 70:
07:      print('조금만 더! 약한 부분을 극복합시다!')
08:  else:
09:      print('유감입니다… 불합격입니다')
```
1

[탐색기]에서 logic.py를 우클릭하고❶, 표시된 메뉴에서 [Run Python File in Terminal]을 선택합니다❷. 파일이 실행되어 국어/산수 점수를 물으면, 먼저 70 이상의 값을 입력하고 Enter 를 누릅니다❸. 합격 메시지가 표시되는지 확인합니다❹.

이어서 국어, 산수 중 하나가 70점 미만인 경우❺, 국어/산수 모두 70점 미만인 경우❻에 메시지가 각각 다르게 표시되는지 확인합니다.

≫≫≫ **논리연산자란?** ∙∙∙

논리연산자란, True / False를 반환하는 식(조건식)을 연결하기 위한 연산자입니다. 예를 들어 **체험❶** 의 예에서는 조건식 'ja> = 70'(= 변수 ja가 70 이상이다)와 조건식 'ma> = 70'(= 변수 ma가 70 이상이다)을, 논리연산자 and로 연결함으로써, '변수 ja가 70 이상이고, **또한** 변수 ma가 70 이상이다' 라는 조건을 표현했습니다.

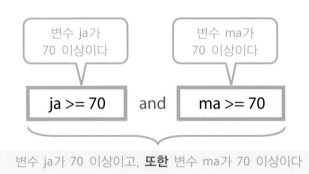

위와 같은 조건식에서는, 'ja> = 70', 'ma> = 70'이 둘 다 True인 경우에만 전체적으로 True를 반환합니다.

≫≫≫ **중첩으로도 표현 가능** ∙∙

논리연산자를 사용한 조건분기는 **6-4**에서 다룬 if 명령의 중첩으로도 표현이 가능합니다. 예를 들어 다음의 코드는 모두 같은 의미입니다.

```
if ja >= 70 and ma >= 70:
    print('합격입니다!')
```

```
if ja >= 70
    ■   ←❶
    if ma >= 70:
        print('합격입니다!')
    ■   ←❷
```

단, 중첩은 코드를 복잡하게 만들 수 있으므로 위와 같은 예에서는 심플하게 표현할 수 있는 논리연산자를 사용하는 편이 좋습니다.

≫≫ '또는'을 나타내는 연산자 ···

'○○, **또한** □□'(and 조건)과는 반대로, '○○, **또는** □□'라는 조건을 or 조건이라고 합니다.
  둘 중 한쪽이 True인 경우에, 조건식 전체가 True로 간주됩니다.

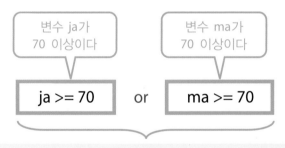

변수 ja가 70 이상이거나, **또는** 변수 ma가 70 이상이다

  체험❷에서의 코드입니다. 조건식 'ja> =70'과 'ma> =70'을 논리연산자 or로 연결함으로써, '변수 ja가 70점 이상이거나, 또는 변수 ma가 70점 이상이다'라는 조건을 표현한 것입니다.
  변수 ja/ma 둘 다 70점 미만이면 애초에 해당되지 않으며, **체험❷**의 예처럼 변수 ja/ma가 둘 다 70점 이상인 경우는 직전의 조건식 'ja> =70 and ma> =70'으로 제외됩니다. 따라서 결과적으로 ja/ma 중 한쪽이 70점 이상인 경우에만 해당됩니다.

≫≫ 논리연산자의 규칙 ···

and/or를 이해하는 데 있어서, 각각의 규칙을 정리해보았습니다.

좌식	우식	and	or
True	True	True	True
True	False	False	True
False	True	False	True
False	False	False	False

또한 이들 규칙은 **집합 그림**으로도 나타낼 수 있습니다. and가 서로 겹친 부분만을, or가 둘 중 어떤 한쪽의 영역을 나타낸다는 관계를 시각적으로 확인해봅시다.

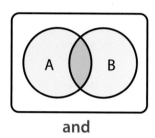

and

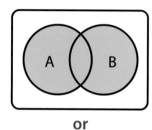

or

💬 칼럼 또 하나의 논리연산자 — not

체험에서는 소개하지 않았지만, 논리연산지에는 또 한 가지 not이라는 연산자가 있습니다. not은 어떤 식(변수)이 True이면 False로, False이면 True로 뒤집는 역할을 하고 있습니다.

```
flag = True
print(not flag) # 결과 : False
```

이 예에서는 변수 flag가 True이므로, not 연산자를 거친 결과가 False가 되었습니다.

정리

◉ 복수의 조건식을 조합하기 위해서는 논리연산자를 사용한다.

◉ and 연산자는 좌우의 조건식이 둘 다 True일 때에만 전체를 True로 판정한다.

◉ or 연산자는 좌우의 조건식 중에 적어도 한쪽이 True일 때 전체를 True로 판정한다.

■ 문제 1

다음은 시험 점수가 각각 90점 이상, 70~89점, 50~69점, 50점 미만인 경우에 등급 갑, 을, 병, 정을 표시하기 위한 코드입니다. 빈칸을 채워서 코드를 완성하세요.

```
# rank.py
point =   ①   (   ②   ('시험 점수를 입력해주세요.'))
   ③   point >= 90:
    print('갑')
   ④      ⑤   :
    print('을')
   ④      ⑥   :
    print('병')
   ⑦   :
    print('정')
```

■ 문제 2

다음은 변수 answer1, answer2의 값이 각각 1, 5 인지를 확인하여 '둘 다 정답', '해답1만 정답', '해답2만 정답', '둘 다 오답'이라는 메시지를 표시하는 코드인데, 틀린 곳이 네 곳 있습니다. 잘못된 곳을 고쳐서 제대로 동작하도록 만들어 봅시다.

```
# answer.py

answer1 = input('해답1의 값은?')
answer2 = input('해답2의 값은?')

if answer1 == 1 or answer2 == 5:
    print('둘 다 정답')
else:
    if answer1 == 1:
        print('해답1만 정답')
elif answer2 == 5:
    print('해답2만 정답')
else:
    print('둘 다 오답')
```

반복처리

1 조건을 만족시키는 동안만 처리 반복하기

완성파일 | 📁 [0701] → 📄 [while.py]

예습 루프란?

프로그램에서는 같은 동작을 반복 실행해야 하는 상황이 있습니다. 예를 들어 정해진 문자열을 10회 표시하고 싶은 경우라고 생각해봅시다. 지금까지 배운 것만으로 생각하면 print 함수를 10회 쓰는 것밖에 방법이 없습니다.

　하지만 물론 이렇게 하면 불편합니다(10회면 괜찮아도 1,000회, 10,000회 print 함수를 반복할 수는 없으니까요). 따라서 이를 위한 **루프(반복)**가 존재합니다.

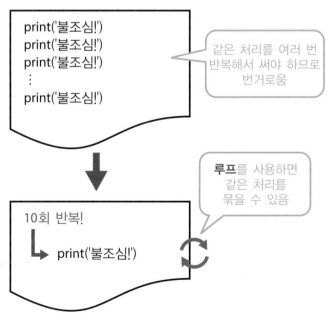

루프를 사용하면 정해진 처리를 반복해서 실행할 수 있습니다. 조건분기와 함께 프로그램에서는 빼놓을 수 없는 중요한 제어 구문 중의 하나입니다.

체험 | 루프로 같은 명령 반복 실행하기

1 루프를 쓰기 위한 블록 기술

47쪽의 순서에 따라 [0701] 폴더에 'while.py'라는 이름의 파일을 생성합니다. 에디터가 열리면 오른쪽과 같이 코드를 입력합니다. 변수 num이 10 미만인 동안만, '양이 ○○마리…'라는 메시지를 표시합니다**1**.

입력을 마치면 ▦(모두저장)을 눌러 저장해주세요.

> 파일을 생성한다
>
> **1**

```
01:  num = 1
02:
03:  while num < 10:
04:      print('양이', num, '마리…')
05:      num += 1
```

2 코드 실행

[탐색기]에서 while.py를 우클릭하고**1**, 표시된 메뉴에서 [Run Python File in Terminal]을 선택합니다**2**. 파일이 실행되어 메시지가 9회 표시되는지 확인해봅시다.

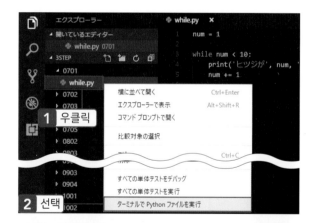

```
PS C:\3step> & python c:\3step\0701\while.py
양이 1 마리…
양이 2 마리…
양이 3 마리…
양이 4 마리…
양이 5 마리…
양이 6 마리…
양이 7 마리…
양이 8 마리…
양이 9 마리…
```

표시되었음

>>> while 명령 사용법 ···

while 명령은 다음과 같이 사용합니다.

[구문]   while 명령

```
while 조건식:
     조건식이 참인 경우 실행하는 명령
```

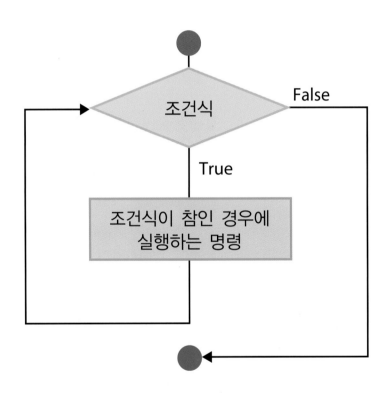

　　while 명령은 블록에서 정의한 명령을 반복 실행합니다. 단, 단순히 반복만 한다면 영원히 프로그램이 끝나지 않게 될 것입니다.

　　따라서 루프를 종료하는 조건을 나타낸 것이 **조건식**입니다. **체험①**의 예에서는 'num＜10'이므로, '변수 num이 10 미만인 동안만' 명령을 반복 실행했습니다. 바꿔 말하자면, '변수 num이 10 이상이 되면' 루프를 종료하는 것입니다.

❯❯❯ 복합 대입 연산자 ···

'+='처럼 대입과 기타 연산을 조합한 연산자를 가리켜 **복합 대입 연산자**라고 합니다. 예를 들면 'num += 1'은 'num = num + 1'과 같은 의미로, '변수 num에 1을 더한다'와 '그 결과를 변수 num 에 대입한다'는 처리를 조합한 것입니다.

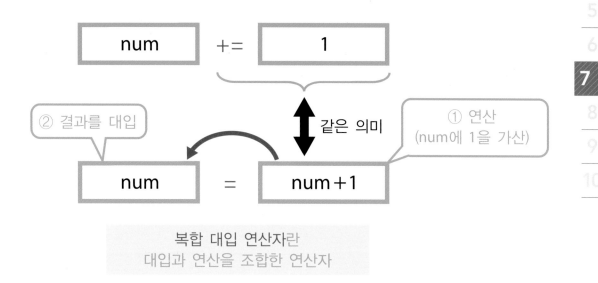

복합 대입 연산자란
대입과 연산을 조합한 연산자

'+='과 마찬가지로, '−=', '*=', '/=' 등의 연산자도 있습니다(예를 들어 'num −= 2'면 'num = num − 2'와 같은 의미입니다).

같은 변수에 대하여 값을 더해나가는(또는 빼나가는) 용도로 자주 사용되므로 기억해두도록 합시다.

정리

- ◉ while 명령은 조건식이 True인 동안만 처리를 반복한다.
- ◉ 복합 대입 연산자를 사용함으로써, 대입과 기타 연산을 묶어서 표현할 수 있다.

2 리스트나 사전에서 순서대로 값을 가져오기

완성파일 | 📁 [0702] → 📄 [for.py], 📄 [for_dic.py]

 예습 | **리스트/사전과 루프**

루프와 함께 자주 사용하는 것이 바로 리스트/사전입니다. **5-1**과 **5-3**에서 다루었듯이, 리스트/사전은 관련된 값을 하나로 묶기 위한 데이터형입니다. 하나로 묶어두면 '리스트 내용을 전부 보여줘', '사전을 전부 처리해줘'처럼 '한꺼번에 ~해줘'라는 지시를 할 수 있습니다.

리스트

0	1	2	3	4
A	B	C	D	E

순번대로 요소를 가져옴

2
C

　'리스트/사전으로부터 각각의 요소를 순서대로 가져오기 위한' 전용 구문이 바로 for 명령입니다. 이번 절에서는 리스트/사전 각각에 대하여 for 명령을 사용해 요소를 순서대로 추출해보도록 하겠습니다.

리스트/사전에서 순서대로 값 가져오기

① 리스트 준비

47쪽의 순서에 따라 [0702] 폴더에 'for.py'라는 이름의 파일을 생성합니다. 에디터가 열리면 오른쪽과 같이 코드를 입력합니다. 문자열리스트를 정의하는 코드입니다 **1**.

입력을 마치면 ■(모두저장)을 눌러 저장해주세요.

> **>>> Tips**
>
> 개별 요소의 길이가 긴 경우에는 적당히 중간에서 줄 바꾸기를 하는 것을 권장합니다. 이 경우, 2행부터는 들여쓰기를 해서 위치를 맞추도록 합니다.

파일을 생성한다

```
01: messages = [
02:     '눈 가리고 아웅 한다',
03:     '모난 돌이 정 맞는다',
04:     '콩 심은 데 콩 나고 팥 심은 데 팥 난다',
05:     '종로에서 뺨 맞고 한강에서 눈 흘긴다',
06:     '호랑이 없는 굴에 토끼가 왕',
07: ]
```
1

② 리스트에서 값 추출

1번에서 작성한 코드에 오른쪽과 같이 코드를 추가합니다. 리스트를 스캔해서 맨 처음부터 순서대로 값을 가져옵니다 **1**.

입력을 마치면 ■(모두저장)을 눌러 저장해주세요.

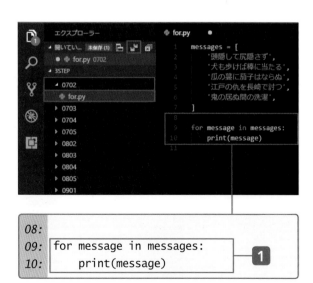

```
08:
09: for message in messages:
10:     print(message)
```
1

③ 코드 실행

[탐색기]에서 for.py를 우클릭하고 **1**, 표시된 메뉴에서 [Run Python File in Terminal]을 선택합니다 **2**. 파일이 실행되어 리스트 내용이 순서대로 표시되는지 확인해봅시다.

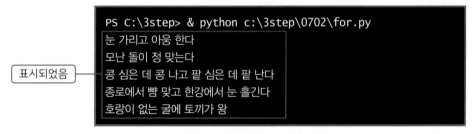

표시되었음

```
PS C:\3step> & python c:\3step\0702\for.py
눈 가리고 아웅 한다
모난 돌이 정 맞는다
콩 심은 데 콩 나고 팥 심은 데 팥 난다
종로에서 뺨 맞고 한강에서 눈 흘긴다
호랑이 없는 굴에 토끼가 왕
```

④ 사전 준비

1번과 마찬가지로 [0702] 폴더에 'for_dic.py'라는 이름의 파일을 생성합니다. 에디터가 열리면 오른쪽과 같이 코드를 입력합니다. 문자열 사전을 정의하는 코드입니다 **1**.

입력을 마치면 █(모두저장)을 눌러 저장해 주세요.

파일을 생성한다

```
01:  addresses = {
02:      '아무개': '지바현 지바시 미요시초 1-1-1',
03:      '야마다 타로': '도쿄도 네리마구 자오마치 2-2-2',
04:      '스즈키 하나코': '사이타마현 도코로자와시 오타케초 3-3-3',
05:  }
```
1

5 사전에서 값 추출

④번에서 작성한 코드에 오른쪽과 같이 코드를 추가합니다. 사전을 스캔하여 맨 앞부터 순서대로 '키 : 값'의 형식으로 내용을 추출, 출력합니다 **1**.

입력을 마치면 █(모두저장)을 눌러 저장해 주세요.

```
06:
07: for key, value in addresses.items():
08:     print(key, ':', value)
```
1

6 코드 실행

③번과 같이 for_dic.py를 실행합니다. 사전의 내용이 순서대로 표시되는지 확인해봅시다.

```
 for_dic.py ×
1  addresses = {
2      '名無権兵衛' : '千葉県千葉市美芳町1-1-1',
3      '山田太郎' : '東京都練馬区蔵王町2-2-2',
4      '鈴木花子' : '埼玉県所沢市大竹町3-3-3',
5  }
6
7  for key, value in addresses.items():
8      print(key, ':', value)
9
```

問題　出力　**ターミナル**　…　　　1: Python

```
Windows PowerShell
Copyright (C) Microsoft Corporation. All rights reserved.

PS C:\3step> & python c:\3step\0702\for_dic.py
名無権兵衛 ： 千葉県千葉市美芳町1-1-1
山田太郎 ： 東京都練馬区蔵王町2-2-2
鈴木花子 ： 埼玉県所沢市大竹町3-3-3
PS C:\3step>
```

```
PS C:\3step> & python c:\3step\0702\for_dic.py
아무개   :  지바현 지바시 미요시초 1-1-1
야마다 타로   :  도쿄도 네리마구 자오마치 2-2-2
스즈키 하나코   :  사이타마현 도코로자와시 오타케초 3-3-3
```
표시되었음

>>> for 명령 사용법(리스트의 경우) ·····································

for 명령은 다음과 같이 사용합니다.

[구문] **for 명령(리스트)**

for 가변수 in 리스트:
　　　리스트 안의 내용을 처리하기 위한 명령

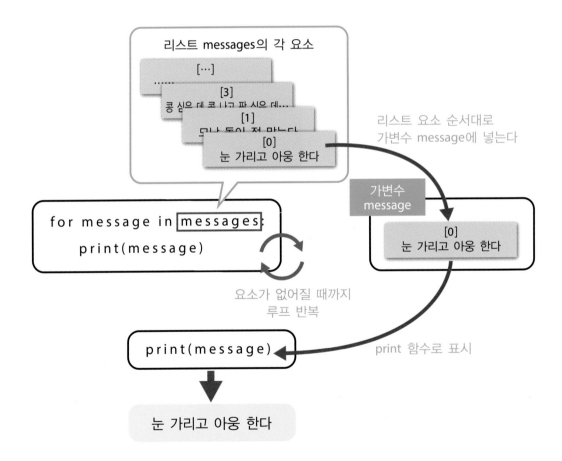

지정된 리스트에서 순서대로 각각의 요소를 추출해 가변수에 저장합니다. for 블록 안에서는 가변수를 사용해 추출한 요소를 처리합니다.

예를 들어 체험❷에서는 요소의 값을 그대로 표시했지만, 보통은 요소를 가공/연산하게 됩니다 (가변수에 주어진 값은 요소의 복사본이므로, 블록 안에서 가변수를 가공해도 리스트에는 영향을 미치지 않습니다).

for 명령은 리스트가 읽어들일 요소가 없어질 때까지 루프를 반복합니다.

>>> for 명령 사용법(사전의 경우) ···

사전에서 모든 키/값을 취득하려면 다음 구문을 사용합니다.

[구문] for 명령(사전)

```
for 키의 가변수, 값의 가변수 in 사전.items():
    사전 안의 내용을 처리하기 위한 명령
```

items는 사전에서 사용할 수 있는 메소드로, 사전의 내용을 (키, 값) 형식의 튜플 리스트로 반환합니다.

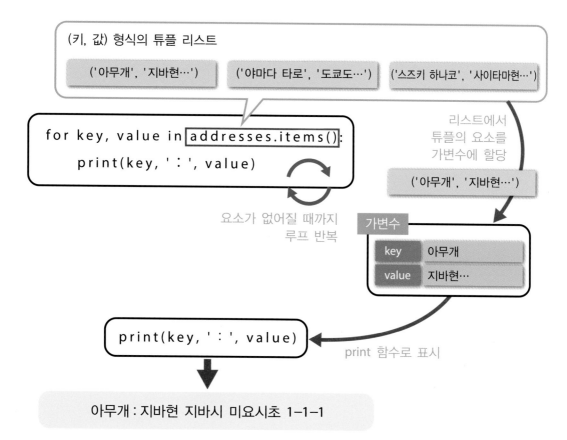

위 구문에서는 사전으로부터 키/값을 튜플 리스트로 추출하여, 각각 대응하는 가변수에 넣어서 처리를 반복합니다. 튜플에는 값이 두 개 들어가 있기 때문에 받는 쪽의 가변수도 두 개입니다.

▶▶▶ 사전에서 키나 값 한쪽만 꺼내기 ·····································

사전에서는 키 또는 값만 추출할 수도 있습니다. 각각 keys, values 메소드를 사용합니다.

[구문] for 명령(사전의 키)

```
for 가변수 in 사전.keys():
    사전 안의 내용을 처리하기 위한 명령
```

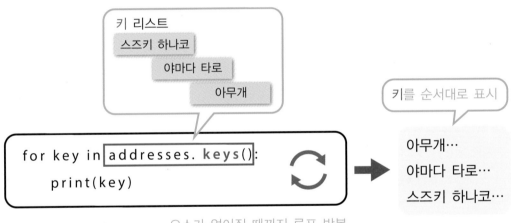

요소가 없어질 때까지 루프 반복

[구문] for 명령(사전의 값)

```
for 가변수 in 사전.values():
    사전 안의 내용을 처리하기 위한 명령
```

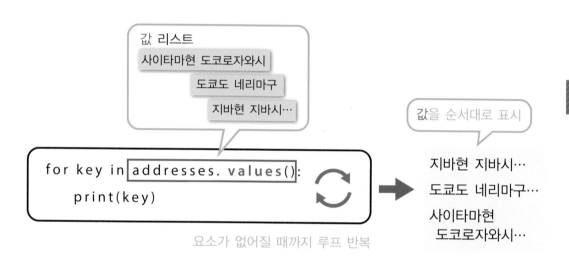

값 리스트
사이타마현 도코로자와시
도쿄도 네리마구
지바현 지바시…

값을 순서대로 표시

```
for key in addresses.values():
    print(key)
```

지바현 지바시…
도쿄도 네리마구…
사이타마현
    도코로자와시…

요소가 없어질 때까지 루프 반복

keys/values 메소드는 각각 사전 안의 모든 키/값을 리스트 형식으로 반환합니다. 리스트에 포함되는 것은 키/값 중의 하나이므로, 대응하는 가변수도 하나입니다.

정리

● for 명령을 사용해 리스트와 사전에서 모든 요소를 순서대로 추출할 수 있다.
● 사전에서 모든 키/값을 세트로 추출할 때에는 items 메소드를 사용한다.
● 사전에서 키 또는 값만 꺼내려면 각각 keys/values 메소드를 사용한다.

3 지정된 횟수만큼 처리 반복하기

완성파일 | ☐ [0703] → 🗐 [range.py]

예습 | 세 번째 루프 구문

루프는 크게 나누어 '반복해야 하는 처리'와 '루프를 계속하는 조건'으로 구성됩니다. 이 중 '반복해야 하는 처리'는 어떠한 구문에도 공통되지만, '루프를 계속하는 조건'은 구문에 따라 달라집니다.

예를 들어 **7-1** while 루프는 조건식 True / False에 따라 루프를 제어합니다. 가장 심플한 구문입니다. 또한 **7-2** for 루프는 리스트 / 사전의 요소를 모두 읽어들일 때까지 반복했습니다.

그리고 이번에 다룰 것이 '정해진 횟수만큼' 루프를 반복하는 구문입니다.

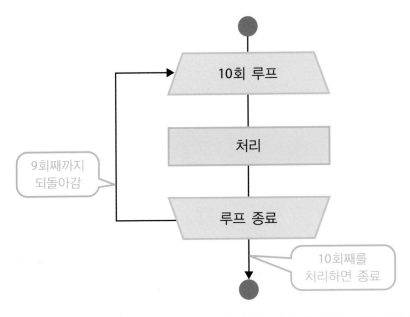

샘플로, **7-1**과 마찬가지로 '양이 ○○마리…'라는 메시지를 반복 출력하는 예를 소개하겠습니다. 서로 어떻게 작성법이 다른지 유의하면서 살펴봅시다.

체험 | 지정된 횟수만큼 반복하는 루프 정의하기

1 루프를 위한 블록 기술

47쪽의 순서에 따라 [0703] 폴더에 'range.py'라는 이름의 파일을 생성합니다. 에디터가 열리면 오른쪽과 같이 코드를 입력합니다. '양이 ○○마리…'라는 메시지를 10회 표시합니다 .

입력을 마치면 (모두저장)을 눌러 저장해 주세요.

파일을 생성한다

```
01:  for num in range(10):
02:      print('양이', num, '마리…')
```
1

2 코드 실행

[탐색기]에서 range.py를 우클릭하고 1, 표시된 메뉴에서 [Run Python File in Terminal]을 선택합니다 2. 파일이 실행되어 메시지가 10회 표시되는지 확인해봅시다.

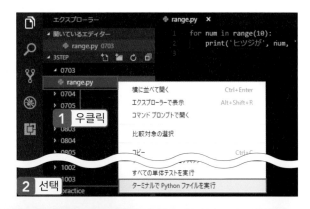

1 우클릭

2 선택

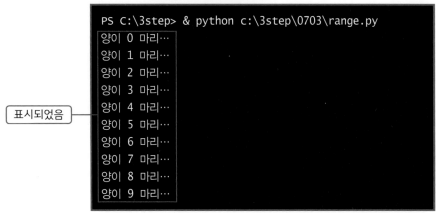

```
PS C:\3step> & python c:\3step\0703\range.py
양이 0 마리…
양이 1 마리…
양이 2 마리…
양이 3 마리…
양이 4 마리…
양이 5 마리…
양이 6 마리…
양이 7 마리…
양이 8 마리…
양이 9 마리…
```

표시되었음

①번에서 작성한 코드를 오른쪽과 같이 편집합니다. 이로써 5~9의 범위로 값이 변경되어 루프가 5회만 반복되게 됩니다❶.

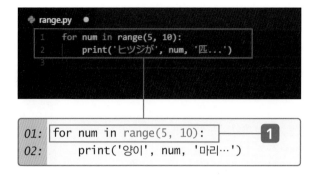

```
01:  for num in range(5, 10):
02:      print('양이', num, '마리…')
```
❶

②번과 마찬가지로 range.py를 실행합니다. 메시지가 5회 표시되는지 확인해봅시다. 숫자는 5부터 세기 시작합니다.

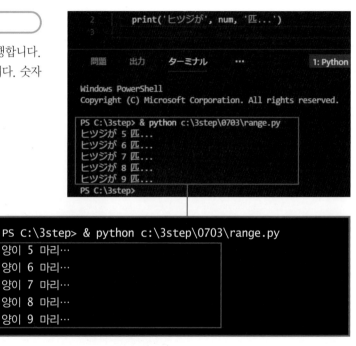

```
PS C:\3step> & python c:\3step\0703\range.py
양이 5 마리…
양이 6 마리…
양이 7 마리…
양이 8 마리…
양이 9 마리…
```
표시되었음

③번에서 작성한 코드를 오른쪽과 같이 편집합니다. 이로써 0~9의 범위에서 값이 +3씩 변하며, 루프가 4회만 반복됩니다❶.

```
 range.py
1    for num in range(0, 10, 3):
2        print('ヒツジが', num, '匹...')
3
```

```
01:  for num in range(0, 10, 3):
02:      print('양이', num, '마리…')
```
❶

6 코드 실행

②번과 마찬가지로 range.py를 실행합니다. 메시지가 4회 표시되는지 확인해봅시다. 숫자는 3씩 커지고 있습니다.

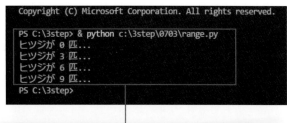

```
PS C:\3step> & python c:\3step\0703\range.py
ヒツジが 0 匹...
ヒツジが 3 匹...
ヒツジが 6 匹...
ヒツジが 9 匹...
PS C:\3step>
```

```
PS C:\3step> & python c:\3step\0703\range.py
양이 0 마리…
양이 3 마리…
양이 6 마리…
양이 9 마리…
```

표시되었음

7 수치 증분 변경(음수를 지정)

⑤번에서 작성한 코드를 오른쪽과 같이 편집합니다. 이로써 10~1 범위에서 값이 변하며, 루프가 10회 반복되게 됩니다 1.

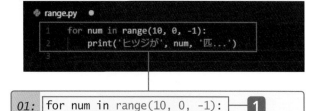

```
🐍 range.py ●
1    for num in range(10, 0, -1):
2        print('ヒツジが', num, '匹...')
3
```

```
01:  for num in range(10, 0, -1):    1
02:      print('양이', num, '마리…')
```

8 코드 실행

②번과 마찬가지로 range.py를 실행합니다. 메시지가 10회 표시되는지 확인해봅시다. 숫자는 10부터 차례로 줄어듭니다.

```
PS C:\3step> & python c:\3step\0703\range.py
ヒツジが 10 匹...
ヒツジが 9 匹...
ヒツジが 8 匹...
ヒツジが 7 匹...
ヒツジが 6 匹...
ヒツジが 5 匹...
ヒツジが 4 匹...
ヒツジが 3 匹...
ヒツジが 2 匹...
ヒツジが 1 匹...
PS C:\3step>
```

```
PS C:\3step> & python c:\3step\0703\range.py
양이 10 마리…
양이 9 마리…
양이 8 마리…
양이 7 마리…
양이 6 마리…
양이 5 마리…
양이 4 마리…
양이 3 마리…
양이 2 마리…
양이 1 마리…
```

표시되었음

>>> **for 명령의 또 한 가지 작성법** ···

'또 한 가지 작성법'이라고는 했지만, '리스트를 주고 순서대로 추출한다'는 개념 자체는 **7-2**와 동일합니다. 단, 이번 같은 경우에는 대상인 리스트가 없으므로 이를 유사적으로 작성합니다. 이것이 바로 range 함수의 역할입니다.

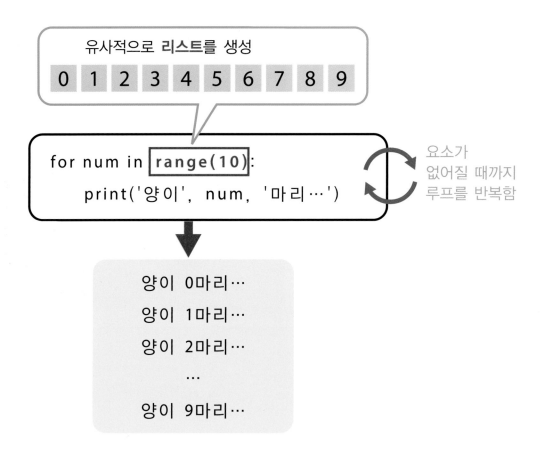

range(10)으로, [0, 1, 2, 3, 4, 5, 6, 7, 8, 9]와 같은 리스트를 만들 수 있습니다. 이후 이 리스트를 for 명령에 넘기기만 하면 지정된 횟수만큼 반복되는 루프를 표현할 수 있습니다.

> **칼럼** **지정 횟수만큼 반복하는 전용 구문은 존재하지 않는다**
>
> 지정된 횟수만큼 처리를 반복하기 위해, 파이썬 이외의 언어에서는 다음과 같은 구문이 자주 쓰이고 있습니다(Visual Basic이라는 언어의 예입니다).
>
> ```
> For i = 0 To 9
>     Console.WriteLine(i)
> Next
> ```
>
> 하지만 파이썬에서는 이와 같은 전용 구문은 마련되어 있지 않으며, 리스트를 처리하는 구문으로 이를 대체하고 있습니다. 다른 언어를 접한 경험이 있는 사람에게는 다소 이상하게 느껴질 수도 있겠지만, 이 점을 기억해두도록 합시다.

⟫⟫⟫ range 함수의 시작값을 변경한다 ··

range 함수는 디폴트로 0부터 지정된 값까지의 범위로 수치 리스트를 생성합니다. 하지만 시작값을 지정해서 'm~n 범위의 값 리스트'를 만들 수도 있습니다.

체험❸의 예에서는 range(5, 10)으로 지정해서 5~9 범위의 리스트를 작성했습니다.

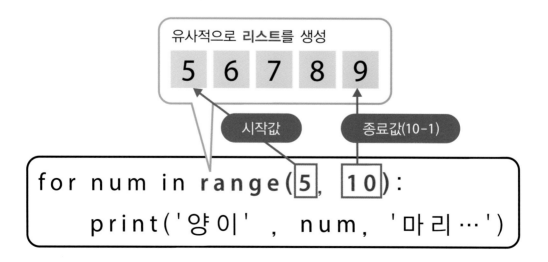

⟫⟫⟫ range 함수로 값의 증분을 변경하기 ···

range 함수에서는 값의 증분을 변경할 수도 있습니다. 예를 들어 **체험⑤**에서는 range(0, 10, 3)으로 지정해 [0, 3, 6, 9]와 같은 리스트를 생성했습니다. '3' 부분이 증분을 나타냅니다.

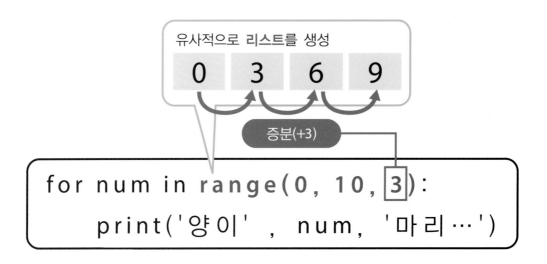

증분에는 음수를 지정할 수도 있습니다. 예를 들어 **체험⑦**에서는 range(10, 0, −1)로 지정해서 [10, 9, 8, 7, 6, 5, 4, 3, 2, 1]과 같은 리스트를 생성했습니다.

이처럼 range 함수를 구사하면 다양한 값 범위의 루프를 표현할 수 있습니다.

⟫⟫⟫ 루프 구문의 활용법 ···

7-1의 샘플과 비교해보면 알 수 있듯이, while 명령으로도 거의 비슷한 내용의 코드를 표현할 수 있습니다.

for 명령 + range 함수인 경우

```
for num in range(10):
    print('양이', num, '마리…')
```

while 명령인 경우

```
num = 1                    ← 변수를 초기화
while num < 10:            ← 종료 조건
    print('양이', num, '마리…')
    num += 1               ← 변수를 값에 가산
```

← 루프와 관련된 처리가 흩어져 있음

단, while 명령에서는 '루프를 관리하기 위한 변수를 초기화하고', '변수에 값을 가산하며', '종료 조건을 확인하는' 처리가 다 흩어져 있기 때문에 코드가 길어질 수 있습니다. 코드가 길어지면 누락이나 실수가 늘어나는 원인이 됩니다.

일반적으로는 연속된 수치로 루프를 제어하는 경우 for 명령 + range 함수를 쓰고, 그 외의 조건식이나 함수의 반환값(True / False)에 따라 루프를 제어하는 경우에는 while 명령을 사용합니다.

정리

◉ range 함수를 이용하면 m~n 범위의 수치 리스트를 생성할 수 있다.

◉ for 명령과 range 함수를 조합함으로써, 정해진 횟수만큼 반복하도록 표현할 수 있다.

◉ while 명령으로도 지정한 횟수만큼 루프를 표현할 수 있지만, 일단 for 명령을 우선해서 사용하는 것이 좋다.

4

강제로 루프 중단하기

완성파일 | 📁 [0704] → 📄 [break.py]

 예습 **루프의 중단**

while/for 명령에서는 미리 정해진 종료 조건을 만족하는 타이밍에 루프가 종료됩니다. 하지만 처리 내용에 따라서는 (종료 조건에 상관없이) 특정 조건을 만족하면 강제적으로 루프를 중단시켜야 하는 경우도 있을 수 있습니다.

이때 사용하는 것이 바로 break 명령입니다.

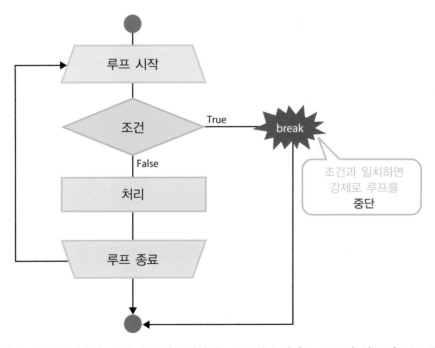

지금부터는 리스트 내용을 순서대로 취득하다가, 도중에 'ｘ'라는 요소가 나오면 루프를 중단하는 예를 살펴보겠습니다.

체험 | 특징 조건에서 루프 중단하기

1 리스트에서 순서대로 값을 가져오기

47쪽의 순서에 따라 [0704] 폴더에 'break.py'
라는 이름의 파일을 생성합니다. 에디터가 열
리면 오른쪽과 같이 코드를 입력합니다. 리스
트를 정의하고❶, 그 내용을 for 명령으로 순
서대로 출력하기 위한 코드입니다❷.

입력을 마치면 🖫(모두저장)을 눌러 저장해
주세요.

```
01:   colors = ['흑', '백', '×', '청', '녹']   1
02:
03:   for color in colors:              2
04:       print(color)
```

2 코드 실행

[탐색기]에서 break.py를 우클릭하고❶, 표시
된 메뉴에서 [Run Python File in Terminal]을
선택합니다❷.

파일이 실행되어 리스트 내용이 순서대로
표시되는지 확인해봅시다.

```
PS C:\3step> & python c:\3step\0704\break.py
흑
백
×
청
녹
```

표시되었음

③ 루프 중단 조건 추가

①번에서 작성한 코드를 오른쪽과 같이 편집
합니다. 요소로 '×'가 발견되었을 때, 루프를
즉시 중단합니다**1**.

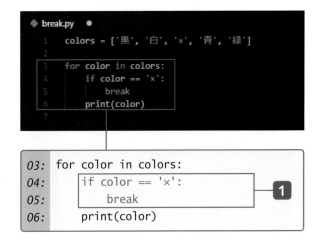

```
⬥ break.py  ●
1    colors = ['黒', '白', '×', '青', '緑']
2
3    for color in colors:
4        if color == '×':
5            break
6        print(color)
7
```

```
03:  for color in colors:
04:      if color == '×':
05:          break
06:      print(color)
```
1

④ 코드 실행

②번과 같이 break.py를 실행합니다. 결과를
확인하면, 앞과는 달리 '×' 이후의 요소가 출
력되지 **않는다**는 점을 주목합시다.

```
問題    出力    ターミナル    …              1: Python
Windows PowerShell
Copyright (C) Microsoft Corporation. All rights reserved.

PS C:\3step> & python c:\3step\0704\break.py
黒
白
PS C:\3step>
```

```
PS C:\3step> & python c:\3step\0704\break.py
黒
白
```
표시되었음

⑤ 루프 종료 시 처리 추가

③번에서 작성한 코드에 오른쪽과 같이 코드
를 추가합니다. 루프가 (중단되지 않고) 정상
적으로 종료되는 경우에만 메시지를 표시하도
록 추가합니다**1**.

```
⬥ break.py  ●
1    colors = ['黒', '白', '×', '青', '緑']
2
3    for color in colors:
4        if color == '×':
5            break
6        print(color)
7    else:
8        print('処理を終了しました。')
9
```

```
07:  else:
08:      print('처리를 종료했습니다.')
```
1

6 코드 실행

②번과 마찬가지로 break.py를 실행합니다.
④번과 같은 결과가 표시되는지 확인해봅시다.

```
PS C:\3step> & python c:\3step\0704\break.py
黑
白
PS C:\3step>
```

```
PS C:\3step> & python c:\3step\0704\break.py
흑
백
```

표시되었음

7 리스트 내용 수정

⑤번에서 작성한 코드를 오른쪽과 같이 편집
합니다. 리스트 중간에 '×'가 포함되지 **않도
록 하는 것입니다**①.

```
break.py  ●
1    colors = ['黒', '白', '赤', '青', '緑']
2
3    for color in colors:
4        if color == 'x':
5            break
6        print(color)
7    else:
8        print('処理を終了しました。')
9
```

```
01:  colors = ['흑', '백', '적', '청', '녹']     1
02:
03:  for color in colors:
04:      if color == 'x':
05:          break
06:      print(color)
07:  else:
08:      print('처리를 종료했습니다.')
```

8 코드 실행

②번과 마찬가지로 break.py를 실행합니다.
⑥번과는 달리, 이번에는 리스트 내용이 전부
표시된 후 종료 메시지가 표시됩니다①.

```
PS C:\3step> & python c:\3step\0704\break.py
黒
白
赤
青
緑
処理を終了しました。
PS C:\3step>
```

```
PS C:\3step> & python c:\3step\0704\break.py
흑
백
적         1
청
녹
처리를 종료했습니다.
```

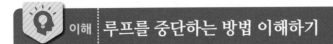
>>> break 명령으로 루프 빠져나오기 ··································

for / while 블록 안에서 break 명령을 호출하면 원래 루프의 종료 조건과는 상관없이 강제로 루프를
종료할 수 있습니다.

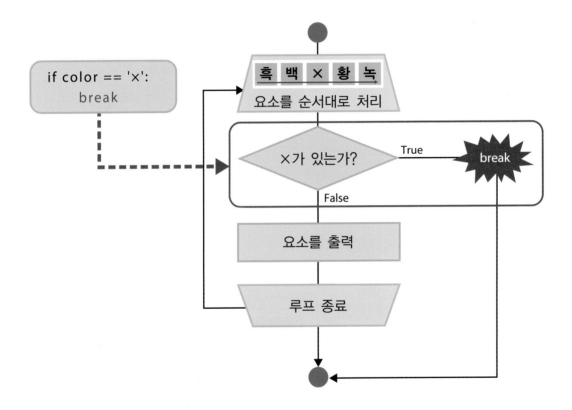

단, 그냥 break만 호출해서는 무조건 맨 처음 회차에 루프를 빠져나오게 됩니다. break 명령은 체험
❸처럼, if 등의 조건분기 명령과 함께 사용하는 것이 일반적입니다.

>>> 루프가 종료되었을 때의 처리 실행하기 ··································

if 명령(6-2)에서 소개한 else 블록은 for / while 명령에서도 쓸 수 있습니다. 그리고 for / while 명령에
서의 else 블록은, '루프를 종료했을 때에 실행해야 하는 처리'를 나타냅니다.

```
         ●
         │
    ┌────────────┐
    │  루프 시작  │◄──────┐
    └────────────┘        │
         │                │
         ▼                │      True      ╔═══════╗
    ◇  조건  ◇ ──────────────────────────► ║ break ║
         │                │                ╚═══════╝
       False              │                    │
         ▼                │                    │
    ┌────────────┐        │                    │
    │    처리    │        │                    │
    └────────────┘        │                    │
         │                │                    │
  ┌──────────┐            │                    │
  │ else :    │           │                    │
  │ 종료 시의 처리 │     │                    │
  └──────────┘            │                    │
         ┊          ┌────────────┐             │
         ┊          │  루프 종료  │            │
         ┊          └────────────┘             │
         ┊                │                    │
         └┄┄┄┄┄┄┄┄► ┌────────────┐             │
                    │ 루프 종료 시의 │          │
                    │    처리    │             │
  ┌──────────────┐  └────────────┘             │
  │ 루프가 완전히 종료된 │   │                  │
  │  경우에만 실행  │      ▼                    │
  └──────────────┘      ●  ◄───────────────────┘
```

단, 여기에서 말하는 '루프가 종료되었을 때'에는, break에 의한 중단은 포함되지 않습니다(어디까지나 본래의 종료 조건에 따라 루프가 종료된 때에만 else 블록이 실행됩니다). 체험⑥에서도 루프가 중단되었을 때에는 종료 메시지가 **표시되지 않았다**는 점을 주목합시다.

정리

◉ 루프를 강제로 중단하려면 break 명령을 사용한다.

◉ break 명령은 일반적으로 if와 같은 조건분기 명령과 함께 사용한다.

◉ for/while 명령에서 else를 지정함으로써, 루프가 정상 종료되었을 때 실행되는 블록을 정의할 수 있다.

제 **7** 장 반복처리

5 루프의 현재 회차를 건너뛰기

완성파일 | 📁 [0705] → 📄 [continue.py]

 예습 **회차 건너뛰기** >>>

break가 루프를 완전히 빠져나오는 명령이라면, 현재의 회차만 건너뛰고 다음 회차를 이어가는 continue라는 명령도 있습니다.

예를 들어서 이번 절에서는, 리스트의 내용을 순서대로 취득하다가 중간에 '×'라는 요소가 나오면 이를 스킵하는 예를 소개하도록 하겠습니다.

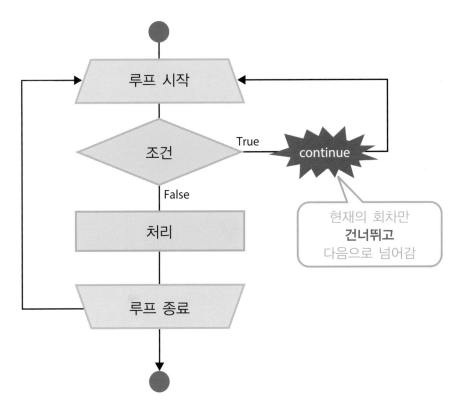

체험 특정 조건에서 회차 건너뛰기

1 회차를 건너뛸 조건 기술

47쪽의 순서에 따라 [0705] 폴더에 'continue.
py'라는 이름의 파일을 생성합니다. 에디터가
열리면 오른쪽과 같이 코드를 입력합니다.

리스트를 정의하고 **1**, 그 내용을 for 명령으
로 순서대로 출력하기 위한 코드입니다 **2**.

단, 요소 중에 '×'가 발견되면 현재 회차를
건너뜁니다 **3**.

입력을 마치면 (모두저장)을 눌러 저장해
주세요.

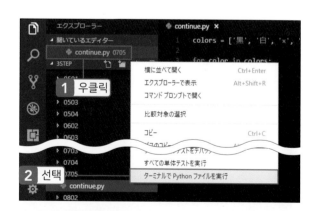

파일을 생성한다

```
01: colors = ['흑', '백', 'x', '청', '녹']    1
02:
03: for color in colors:                      2
04:     if color == 'x':           3
05:         continue
06:     print(color)
```

2 코드 실행

[탐색기]에서 continue.py를 우클릭하고 **1**, 표
시된 메뉴에서 [Run Python File in Terminal]
을 선택합니다 **2**. 파일이 실행되어, 리스트 내
용이 순서대로 표시되는지 확인해봅시다. 단,
요소 '×'는 **출력되지 않는** 것을 확인해주세요.

```
PS C:\3step> & python c:\3step\0705\continue.py
흑
백
청
녹
```

×는 표시되지 않는다

⟫⟫⟫ continue 명령의 동작 흐름 ···

continue 명령은 현재 회차를 건너뛰기 위한 명령입니다. break 명령과의 차이를 알기 쉽게 설명하기 위해, 프로그램의 흐름을 그림으로 비교해봅시다.

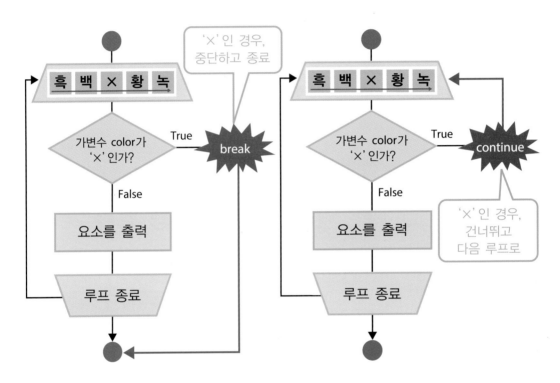

　　continue 명령도 break 명령과 마찬가지로 if와 같은 조건분기와 함께 사용해야 합니다(무조건 다 건너뛰어 버리면 루프하는 의미가 없기 때문입니다).

⟫⟫⟫ continue 명령의 또 다른 작성법 ···

참고로, 체험의 코드는 다음과 같이 바꾸어 쓸 수도 있습니다.

```python
for color in colors:
    if color != 'x':
        print(color)
```

'가변수 color가 '×'가 아닌 경우에만 그 값을 출력하시오'라는 뜻입니다.

단, 이 경우 원래 코드(출력을 위한 코드)의 들여쓰기 위치가 더 깊은 곳으로 들어갑니다. 위 정도의 코드라면 별것 아니지만, 일반적으로 들여쓰기가 지나치게 깊은 코드는 읽기 난해합니다. 회차 전체를 건너뛰는 경우에는 continue 명령을 쓰는 것을 권장합니다.

```
...코드...
     if 조건1:
          ...코드...
          if 조건2:
               ...코드...
               if 조건3:
                    ...코드...
```

들여쓰기가 너무 깊은 코드는 읽기 불편!

정리

- ● continue 명령을 사용하여 루프의 현재 회차를 건너뛸 수 있다.
- ● continue 명령은, 일반적으로 if와 같은 조건분기 명령과 세트로 사용한다.

■ 문제 1

다음은 1~100까지의 값을 합하기 위한 코드입니다. 빈칸을 채워 코드를 완성하세요.

```
# while.py

num = 1
result = [ ① ]

while [ ② ] :
        result [ ③ ] num
        num [ ③ ] 1

print('1~100의 합계는', [ ④ ] )
```

■ 문제 2

문제 1의 코드를 for 명령을 사용해서 다시 작성하세요.

■ 문제 3

다음은 리스트의 내용을 'x'라는 요소를 제외하고 순서대로 출력하기 위한 코드인데, 틀린 곳이 세 곳 있습니다. 잘못된 곳을 수정해 코드가 제대로 동작하도록 만들어보세요.

```
# repeat.py

list = {'아', '이', 'x', '로', '응'}

for str to list:
    if str == 'x':
        break
    print(str)
```

기본 라이브러리

제 8 장 기본 라이브러리

1 문자열 조작하기

완성파일 | 없음

예습 **표준 라이브러리란?**

파이썬에는 프로그램을 간단하게 개발하기 위한 편리한 툴이 풍부하게 마련되어 있습니다. 지금까지 여러 번 등장한 print 함수를 비롯해, 데이터형을 변환하기 위한 str / int 함수, 리스트형에서 사용할 수 있는 pop / remove 등의 메소드도 있습니다(메소드는 특정 형과 연결된 함수입니다).

그리고 이처럼 기본적으로 준비되어 있는 도구를 통틀어 **표준 라이브러리**라고 합니다. 파이썬에서는 (예를 들어) '문자열로부터 특정 문자를 검색한다', '수치를 반올림한다', '날짜 데이터를 정해진 형식으로 정형한다'와 같은 처리가, 표준 라이브러리로서 풍부하게 준비되어 있기 때문에 이들을 조합하여 자신이 원하는 처리를 직관적으로 표현할 수 있습니다.

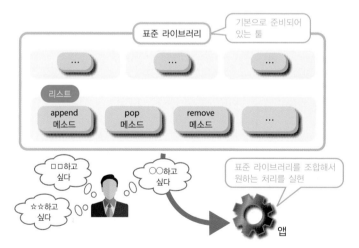

이번 장에서는 이들 라이브러리 중에서도 특히 자주 쓰이는 것들을 살펴보겠습니다.

먼저 이번 절에서는 문자열과 관련된 라이브러리부터 설명하겠습니다. **체험**을 통해 몇 가지 메소드의 동작을 확인한 후, 이해에서 주요 내용을 설명하도록 하겠습니다.

체험 문자열 조작하기 〉〉〉

① 문자열 검색

파워셸을 켜서 커맨드라인에 python 커맨드를
실행합니다. Mac의 경우에는 터미널을 열고
python3 커맨드를 실행합니다.

문자열에 지정된 부분의 문자열이 포함되어
있는지 검색해봅시다①. 실행 결과로 '1'이 표
시됩니다②.

또한 범위(10~14번째 문자)를 지정해서 검
색해봅니다③. 이번에는 실행 결과가 '12'로
바뀌었습니다④.

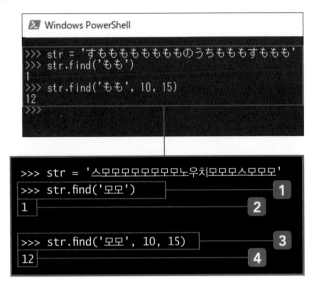

② 문자열을 구획문자로 분할

문자열을 탭문자(₩t)로 분할합니다①. 결과
로 '빵', '우유', '샐러드', '치킨'과 같이 리스
트가 반환됩니다②.

>>>Tips

탭문자는 Tab 키로 입력해주세요.

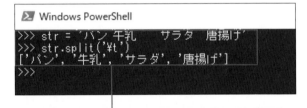

③ 문자열 정형

문자열을 지정된 서식 문자열에 삽입합니다
①. 결과적으로 '사과는, 영어로 apple입니다.'
와 같이 문자열이 반환됩니다②.

> Windows PowerShell
>
> >>> str = '{0}は、英語で{1}です。'
> >>> str.format('りんご', 'apple')
> 'りんごは、英語でappleです。'
> >>>

```
>>> str = '{0}은, 영어로 {1}입니다.'       1
>>> str.format('사과', 'apple')
'사과는, 영어로 apple입니다.'              2
```

>>> 문자 위치 세는 법

find 메소드는 문자열에서 특정 문자열을 검색해서 해당 문자열의 위치를 반환합니다(체험❶).

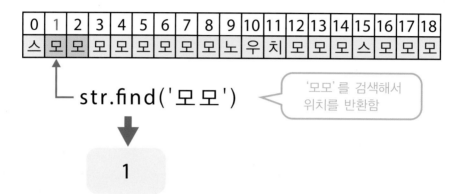

find 메소드의 반환값은 부분 문자열이 발견된 문자의 위치입니다. 단, 문자 위치는 맨 처음이 0부터 시작한다는 점에 유의해주세요(이 규칙은 리스트도 동일했습니다).

>>> 검색 위치 지정하기

find 메소드에서는 검색 시작/종료 위치를 지정할 수 있습니다.

이 경우에도 문자 위치는 맨 처음 0부터 세기 시작했습니다. 위 그림의 예에서는 10~14번째 범위에서 문자열을 검색했으며(종료 위치, 여기에서는 15번째 문자 직전까지가 검색 범위입니다), 발견한 해당 문자의 위치를 결과로 반환합니다.

> ### 💬 칼럼 뒤에서부터 검색하는 rfind 메소드
>
> find 메소드는 문자열을 앞쪽부터 검색하지만, 뒤에서부터 검색하는 rfind 메소드도 있습니다. 체험 ❶의 예를 rfind로 바꿔서, 결과가 '17'이 나오는지 확인해봅시다(반환값은 앞부터 센 문자 위치입니다).
>
> 이 외에도 'r+메소드명'으로 문자열의 끝을 처리하는 것이 있으므로, 스스로 메소드를 찾을 때 확인해보는 것도 좋을 것입니다.

>>> 문자열 분할하기

split 메소드를 이용해서 문자열을 정해진 구획문자로 분할할 수 있습니다.

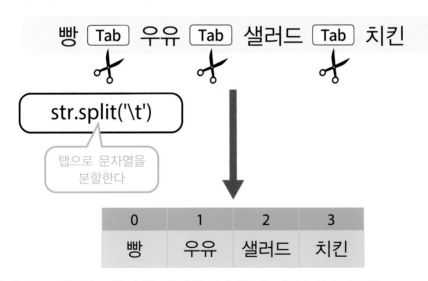

체험❷에서는 구획문자로 '\t'라는 문자를 지정했는데, 이것은 **확장 비트열(escape sequence)**이라고 하는 표현입니다. 줄 바꿈이나 탭 등 특수한 의미를 갖는(=디스플레이에 표시할 수 없는 등의) 문자를 나타내기 위한 것으로, '\+문자'와 같이 나타냅니다.

대표적인 것을 다음 표에 정리해두었지만, 전부 기억할 필요는 없습니다. 우선은 '\t', '\n' 정도만 익혀두면 충분합니다.

확장 비트열	개요
\\	\(백슬래시)
\'	작은따옴표
\"	큰따옴표
\f	페이지 넘김
\r	캐리지리턴
\n	줄 바꿈
\t	탭
\0	NULL
\uxxxx	16비트 16진수값 xxxx를 가지는 Unicode 문자
\Uxxxxxxxx	32비트 16진수값 xxxxxxxx를 가지는 Unicode 문자

\ ', \ " 등은 **3-3**에서 다루었는데, 이 또한 확장 비트열 표현이었습니다.

▶▶▶ 문자열 정형하기

format 메소드는 지정된 서식 문자열을 바탕으로 문자열을 정형하여 그 결과를 반환합니다(체험❸).

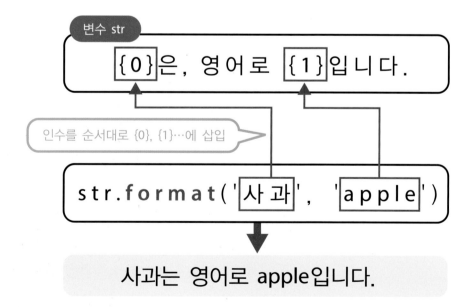

서식 문자열 {0}, {1}…은 문자열을 나중에 삽입하기 위한 공간(place holder)으로, 이 예에서는 각각 '사과', 'apple'이라는 문자열을 삽입했습니다. 서식 문자열 안에서 {0}, {1}…은 중복되어도 상관없습니다.

💬 **칼럼** **문자열의 슬라이스 구문**

문자열에서 부분 문자열을 추출하는 메소드가 없다는 것이 이상하지는 않나요? 부분 문자열을 추출해내려면 리스트(5-1)에서도 등장한 슬라이스 구문을 사용하면 됩니다. 예를 들어 변수 str(내용은 '아이우에오')의 1~3번째 문자를 추출하려면, 'str[1 : 4]'라고 쓰면 됩니다. 맨 처음 글자를 0부터 세기 시작하는 것은 find 메소드 등과 동일합니다.

문자열 str

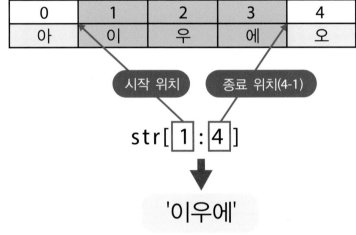

정리

◉ 문자열의 경우, 문자열을 검색, 변경, 분할할 수 있는 메소드가 준비되어 있다.
◉ 문자 위치는 맨 앞을 0부터 센다.
◉ 줄 바꿈이나 탭 등의 특별한 의미를 갖는 문자는 ' \ +문자'의 형식으로 표현할 수 있다.

2 기본적인 수학 연산 실행하기

완성파일 | 📁 [0802] → 📄 [bmi.py]

예습 | 수학 연산을 다루는 math 모듈 ▶▶▶

print와 같은 내장함수, 또는 표준적인 형(내장형)에 속하는 메소드는 사용할 때 특별한 준비를 할 필요가 없습니다. 하지만 이 외의 라이브러리에 대해서는 (표준 라이브러리라고 하더라도) 미리 필요한 모듈을 유효화해두어야 합니다. 모듈은 관련된 기능의 덩어리입니다.

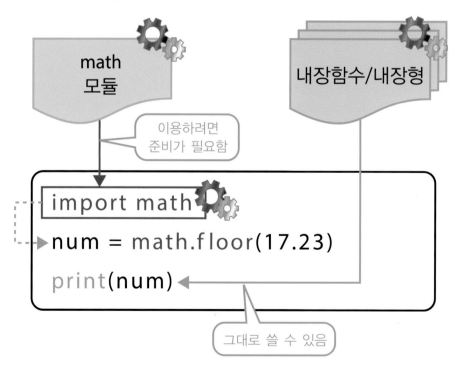

이 절에서는 모듈 유효화의 예로, math 모듈을 설명하겠습니다. math 모듈은 이름 그대로 수학 (math) 관련 함수를 모은 모듈입니다.

체험 | math 모듈 사용하기

1 파일 복사

VSCode의 [탐색기]에서 [0403] 폴더의 'bmi. py'를 우클릭하고**1**, 표시된 메뉴에서 [복사]를 선택합니다**2**.

2 붙여넣기

[0802] 폴더를 우클릭하고**1**, 표시된 메뉴에서 [붙여넣기]를 선택합니다**2**.

3 소수점 아래 값 버리기

❷번에서 복사한 파일을 열어, 오른쪽과 같이 편집합니다. math 모듈을 불러오고(import) ❶, 연산 결과(변수 bmi)의 소수점 아래를 버립니다 ❷.

편집을 마치면 📑(모두저장)을 눌러 파일을 저장해주세요.

```
01:  import math                                        1
02:
03:  weight = float(input('체중(kg)을 입력해주세요 : '))
04:  height = float(input('키(m)를 입력해주세요 : '))
05:
06:  bmi = weight / (height * height)
07:  print('결과 : ', math.floor(bmi))                   2
```

4 코드 실행

[탐색기]에서 bmi.py를 우클릭하고 ❶, 표시된 메뉴에서 [Run Python File in Terminal]을 선택합니다 ❷. 파일이 실행되어 체중 ❸과 키 ❹를 입력하면 오른쪽과 같은 결과가 표시됩니다.

>>> **Tips**

키의 단위가 cm가 아닌 m이므로 주의하세요!

```
PS C:\3step> & python c:\3step\0802\bmi.py
체중(kg)을 입력해주세요 : 53.5        3
키(m)를 입력해주세요 : 1.65           4
결과 : 19
```

표시되었음

이해 | 모듈 사용법 이해하기

>>> 모듈 불러오기(import)

모듈을 현재 코드에서 사용하기 위해 불러오는 것을 가리켜 **임포트(import)한**다고 합니다. 그리고 불러올 때에는 임포트라는 명령을 사용합니다.

[구문] import 명령

```
import 모듈명
```

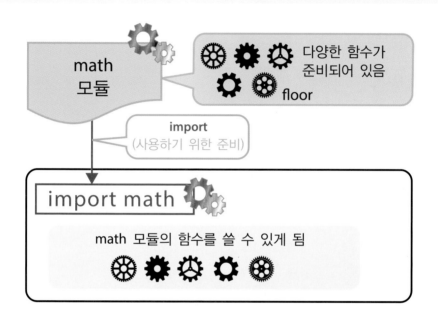

체험③의 **1**은 math 모듈을 임포트하라는 뜻입니다. 이로써 math 모듈이 정의되어 기능을 쓸 수 있게 되며, '모듈명.함수명(…)'의 형식으로 math 모듈을 호출할 수 있게 됩니다.

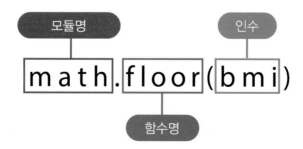

>>> 모듈을 임포트하는 방법 ···

체험❸에서 보았던 것 외에도, 다음과 같은 방법으로도 모듈을 불러올 수 있습니다.

1 모듈 이름을 생략한 별명 지정하기

같은 모듈에 계속 액세스하는 경우, 모듈 이름이 길면 코드도 길어집니다. 이러한 경우에는 다음과 같이 모듈에 별명을 붙일 수 있습니다.

```
import math as m
```

이렇게 하면 math 모듈에 'm'이라는 별명을 붙인 것이 됩니다. 따라서 체험❸의 코드는 다음과 같이 나타낼 수 있습니다.

```
print('결과:', m.floor(bmi))
```

2 지정된 함수만 임포트하기

from … import 명령을 사용해 모듈에서 특정 함수만을 불러올 수도 있습니다.

```
form math import floor
```

'math 모듈로부터 floor 함수만 임포트하시오'라는 의미입니다.
이 경우, 호출하는 쪽에서도 모듈명을 생략해 다음과 같이 표현할 수 있습니다.

```
print('결과:', floor(bmi))
```

1보다 더 간단해졌지만, 프로그램이 대규모일 경우 같은 이름의 함수끼리 충돌을 일으킬 위험도 있습니다. 일단은 체험과 같은 작성법을 기본으로 하되, 2의 방법을 쓸 때에는 이름 관리에 주의해야 합니다.

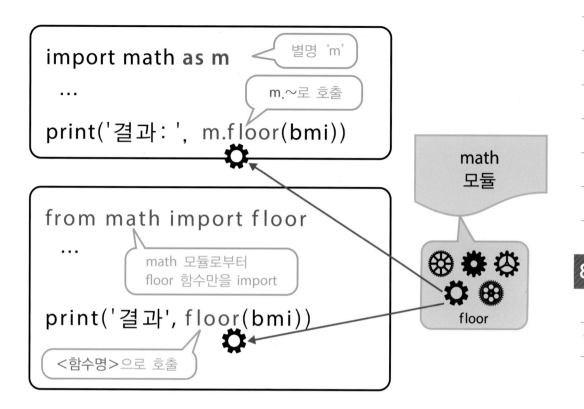

정리

◉ 모듈이란, 파이썬에서 사용할 수 있는 함수나 형 등을 묶은 것이다.

◉ 모듈을 이용하려면 미리 import 명령으로 현재 코드로 불러와야 한다.

◉ 모듈 내의 함수를 호출할 때에는 '모듈명.함수(…)'와 같이 나타낸다.

◉ 모듈에 별명을 부여할 때에는 import … as 명령을 사용한다.

◉ 모듈 내의 특정 함수만 임포트하려면 from … import 명령을 사용한다.

3 날짜/시각 조작하기

완성파일 | 📁 [0803] → 📄 [date.py]

예습 | **모듈과 형** 　　　　　　　　　　　　　　　　　　　》》》

모듈로 정의되어 있는 것은 함수만이 아닙니다. 형도 존재합니다.

지금까지도 문자열, 정수, 리스트, 사전 등을 다루었지만, 이들은 모두 표준으로 사용할 수 있는 형입니다(내장형이라고도 합니다). **4-1**과 **5-2** 등에서도 보았듯이, 파이썬에서는 형에 따라 연산자의 동작이 변하거나, 쓸 수 있는 함수(메소드)가 바뀝니다.

지금부터는 datetime 모듈을 임포트해서, 날짜/시각과 같은 형의 값을 다루는 방법에 대해 설명하겠습니다. 내장형과 공통점/차이점을 잘 살펴보면서 동작을 확인해봅시다.

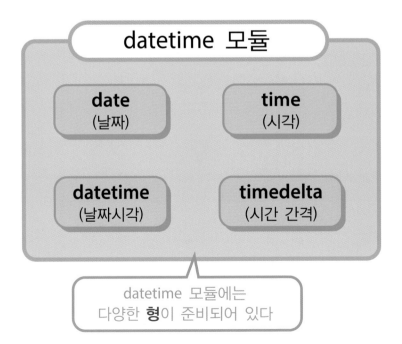

체험 | datetime 모듈 사용하기

1 현재 날짜 생성

47쪽의 순서에 따라 [0803] 폴더에 'date.py'라는 이름의 파일을 생성합니다. 에디터가 열리면 **1**로 현재 일시를 생성하고, **2**로 결과를 확인하기 위한 코드를 입력합니다.

입력을 마치면 📙(모두저장)을 눌러 저장해 주세요.

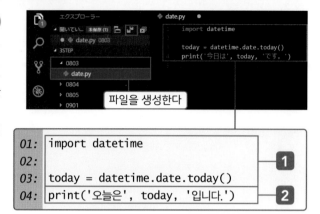

파일을 생성한다

```
01: import datetime
02:
03: today = datetime.date.today()     1
04: print('오늘은', today, '입니다.')  2
```

2 코드 실행

[탐색기]에서 date.py를 우클릭하고**1**, 표시된 메뉴에서 [Run Python File in Terminal]을 선택합니다**2**. 파일이 실행되어 현재 날짜가 표시됩니다.

1 우클릭   2 선택

>>> **Tips**

결과는 물론 시스템 날짜에 따라 그때그때 달라집니다.

```
PS C:\3step> & python c:\3step\0803\date.py
오늘은 2018-01-17 입니다.     표시되었음
```

3 올해 생일 생성

1번에서 작성한 코드에 오른쪽과 같이 코드를 추가합니다. **1**과 같이 올해 생일을 생성하고 **2**에서 오늘 날짜와의 차를 구합니다.

>>> **Tips**

여기에서는 생일을 6월 25일로 설정했습니다. 이 부분은 자신의 생일에 맞춰 변경해도 상관없습니다.

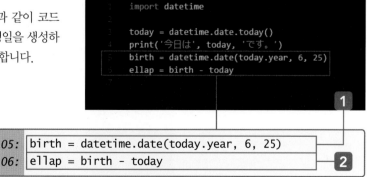

```
    import datetime

    today = datetime.date.today()
    print('今日は', today, 'です。')
    birth = datetime.date(today.year, 6, 25)
    ellap = birth - today
                                      1
```

```
05: birth = datetime.date(today.year, 6, 25)
06: ellap = birth - today                      2
```

❸번에서 작성한 코드에 오른쪽과 같이 코드를 추가합니다❶. 생일과 오늘의 차가 0이라면 생일 메시지를, +일이라면 '앞으로 ○○일' 메시지를, － 라면 '○○일 지났습니다'라는 메시지를 각각 표시합니다.

```
date.py
1    import datetime
2
3    today = datetime.date.today()
4    print('今日は', today, 'です。')
5    birth = datetime.date(today.year, 3, 25)
6    ellap = birth - today
7    if ellap.days == 0:
8        print('今日は誕生日です！')
9    elif ellap.days > 0:
10       print('今年の誕生日まで、あと', ellap.days, '日です。')
11   else:
12       print('今年の誕生日は、', -ellap.days, '日、過ぎました。')
13
```

> **》》Tips**
>
> 12행의 －ellap.days는 오늘 기준 생일이 이미 지난 경우, 일수가 마이너스가 되기 때문에 부호를 반전시키기 위해서 '－'를 넣었습니다.

```
07:   if ellap.days == 0:
08:       print('오늘은 생일입니다!')
09:   elif ellap.days > 0:
10:       print('올해 생일까지, 앞으로', ellap.days, '일입니다.')
11:   else:
12:       print('올해 생일은', -ellap.days, '일 지났습니다.')
```

❶

⑤ 코드 실행

❷번과 마찬가지로 date.py를 실행합니다. 현재 날짜에 따라서 메시지가 표시됩니다(결과는 해당 날짜에 따라 달라집니다).

> **》》Tips**
>
> 표시되는 메시지를 바꾸려면 생일 날짜를 변경하거나 시스템 날짜를 변경해주세요. 시스템 날짜는 화면 오른쪽 아래 작업 표시줄에서 날짜와 시각이 표시된 부분을 우클릭했을 때 나타나는 메뉴에서 [날짜/시간 조정]을 선택해 바꿀 수 있습니다.

```
問題    出力    ターミナル    ・・・                    1: Python

Windows PowerShell
Copyright (C) Microsoft Corporation. All rights reserved.

PS C:\3step> & python c:\3step\0803\date.py
今日は 2018-03-06 です。
今年の誕生日まで、あと 111 日です。
PS C:\3step>
```

표시되었음

```
PS C:\3step> & python c:\3step\0803\date.py
오늘은 2018-03-06 입니다.
올해 생일까지, 앞으로 111일입니다.
```

이해 : datetime 모듈 사용법 이해하기

>>> 날짜 생성

날짜값을 나타낼 때에는 datetime 모듈의 date라는 형을 사용합니다. date형에는 내장형과 같은 전용 표기법이 없으므로 주의해야 합니다. 대신 '모듈명.형명(인수, …)'와 같은 형식으로 구체적인 값을 작성합니다.

모듈명   **형명**   **인수**

datetime.date(2018,10,15)

지정할 수 있는 인수는 형에 따라 달라지지만, date형일 경우 연, 월, 일 순서로 값을 줍니다.

이처럼 실제 값을 생성하는 '형과 같은 이름의 함수(메소드)'를 가리켜 **초기화 메소드**라고 합니다. 또한 초기화 메소드로 만들어진 값을 **인스턴스**라고 합니다.

💬 칼럼 | 리터럴(literal)

내장형은 각각의 값을 직접 나타내기 위한 표기법을 가지고 있습니다. 예를 들어 수치는 (그대로) 13이라고 표기하고, 문자열은 '안녕하세요'처럼 따옴표로 감쌉니다. 리스트라면 대괄호로 [1, 2, 3]과 같이 표기합니다.

이처럼 형에 따른 값의 표현 방법, 또는 값 그 자체를 가리켜 **리터럴**이라고도 부릅니다. 내장형의 경우 자주 쓰이므로 일일이 '형명(값, …)'이라고 적기는 번거롭기 때문에, 전용 표기법이 정해져 있는 것입니다.

>>> 오늘 날짜 생성하기

date형의 값을 생성할 때에는 초기화 메소드만 호출하는 것은 아닙니다. 예를 들어 **체험❶**처럼, today 메소드를 호출해서도 date형을 생성할 수 있습니다. today 메소드는 인수는 지정할 수 없으며, 고정으로 오늘의 날짜를 생성합니다.

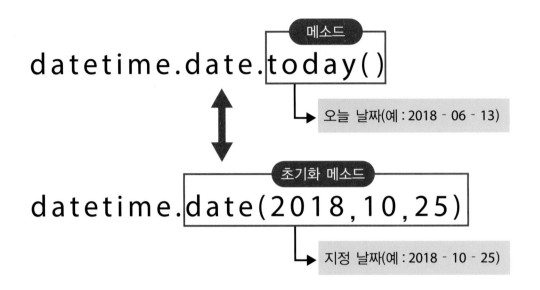

또한, today 앞에 쓰인 datetime은 모듈명, date는 형명이라는 점에도 주목해야 합니다. **5-2**에서는 'names.append('야마다 타로')'와 같이, '형의 **값**.메소드명(⋯)'의 형식으로 메소드를 호출했습니다. 하지만 today(오늘 날짜)를 구하는 데 실제 값은 필요하지 않습니다. 따라서 '형명.메소드명(⋯)'으로 호출하고 있는 것입니다. 이와 같은 메소드를 가리켜, 클래스(형)에 속하는 메소드라는 의미에서 **클래스 메소드**라고 부릅니다.

💬 **칼럼**　**인스턴스 메소드**

클래스(형)를 경유하여 호출되는 클래스 메소드와는 다르게, 인스턴스(형의 실제 값)를 경유하여 호출되는 메소드를 가리켜 **인스턴스 메소드**라고 부릅니다. **5-2**에서 나왔던 append, pop, remove와 같은 메소드가 모두 인스턴스 메소드입니다.

>>> date형의 어트리뷰트(attribute) ···

파이썬의 형에는 형과 관련된 정보가 준비되어 있으며, 변수와 동일하게 액세스할 수 있는 경우도 있습니다.

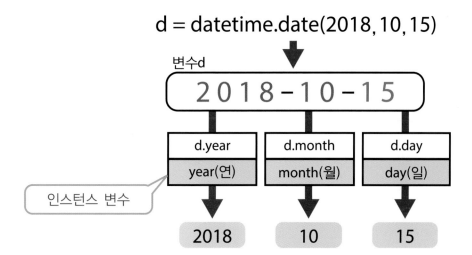

$$d = datetime.date(2018, 10, 15)$$

이와 같은 형과 관련된 변수를 가리켜 **인스턴스 변수**, 또는 **어트리뷰트**라고 합니다. 예를 들어 date형이면 year(연), month(월), day(일)과 같은 인스턴스 변수가 준비되어 있습니다. 체험❸에서도,

```
birth = datetime.date(today.year, 6, 25)
```

이 같은 코드를 작성했는데, 이것은 'today(오늘의 날짜를 나타내는 date형 변수)의 year(연)' = '오늘의 날짜에서 연도만'을 취득해 그 값을 바탕으로 '올해의 생일'을 생성한 것입니다.

▶▶▶ 날짜 계산하기 ···

수치형, 문자열과 마찬가지로 date형의 값을 연산자로 계산할 수도 있습니다. 체험❸에서는, 생일(birth)과 오늘의 날짜(today)를 감산해서 날짜 간의 차이를 구했습니다.

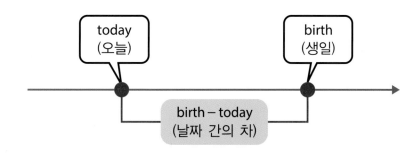

date형의 값에 timedelta형의 값을 가산해서, (예를 들어) 30일 후의 날짜를 구할 수도 있습니다.

```
# data형의 값
today = datetime.date.today( )
# timedelta형의 값
delta = datetime.timedelta(days=30)         ①
print(today + delta) # 결과 : 2018-02-16(오늘이 2018-01-17인 경우)
```

①은 '30일간을 나타내는 timedelta형의 값을 생성하라'라는 의미입니다. 'days = '와 같은 표기는 **키워드 인수**입니다. 파이썬에서는 함수에 인수를 줄 때, 단순히 (값을 지정하는 것이 아니라) '이름 = 값'처럼 이름을 붙여서 지정할 수도 있습니다.

키워드 인수는 타이핑이 다소 길어지기는 하지만, 값의 의미를 바로 알아볼 수 있게 한다는 장점이 있습니다. 자세한 내용은 **9-3**에서 다시 설명하겠습니다.

⟩⟩⟩ datetime 모듈에서 제공되는 형 ·······························

date형에서는 날짜밖에 취급할 수 없지만, datetime 모듈에서는 시각을 나타내는 time형, 날짜/시각을 모두 나타내는 datetime도 준비되어 있습니다. 다음과 같이 간단한 사용법을 정리했습니다.

1 임의의 시각 데이터 작성

13 : 37 : 45를 표현하려면 다음과 같이 작성합니다.

```
current = datetime.time(13, 37, 45)
print(current.minute) # 결과 : 37
```

time형에서는 hour(시), minute(분), second(초) 등의 인스턴스 변수로 각각의 시간 요소에 액세스할 수 있습니다.

2 **임의의 일시 데이터 작성**

2018년 8월 5일 13 : 37 : 45를 표현하려면 다음과 같이 작성합니다.

```
dt = datetime.datetime(2018, 8, 5, 13, 37, 45)
print(dt.month)  # 결과:8
```

datetime형에서는 date/time형에서 쓸 수 있는 인스턴스 변수, year, month, day, hour, minute, second 등에 액세스할 수 있습니다.

3 **현재 일시 작성하기**

datetime형의 now 메소드를 사용해 현재 일시를 바탕으로 datetime형을 생성할 수 있습니다. date형의 today 메소드에 해당합니다.

```
current = datetime.datetime.now( )
print(current)  # 결과:2018-01-17 15:05:08.623875
```

정리

- ◉ datetime 모듈에는 date(날짜), time(시각), datetime(날짜시각) 등의 형이 준비되어 있다.
- ◉ 형을 바탕으로 하는 값을 가리켜 인스턴스라고 한다. 인스턴스는 '형명(인수, …)'로 생성할 수 있다.
- ◉ 형으로부터 직접 호출할 수 있는 메소드를 가리켜 '클래스 메소드', 형의 값으로 호출할 수 있는 메소드를 가리켜 '인스턴스 메소드'라고 한다.
- ◉ 인스턴스를 경유해 액세스할 수 있는 정보를 가리켜 '인스턴스 변수' 혹은 '어트리뷰트'라고 한다.

4 텍스트 파일에 문자열 쓰기

완성파일 | 🗀 [0804] → 🖹 [write.py]

👤 예습 | **데이터를 저장하는 방법** ≫≫

지금까지는 값을 저장할 때 '변수'를 사용했습니다. 변수는 간단하게 값을 넣고 뺄 수 있으며 사용할 때 별도의 준비가 필요하지 않습니다. 하지만 값을 저장하는 위치가 메모리이므로, 프로그램이 종료되면 값도 그대로 사라집니다.

하지만 제대로 된 앱에서는 프로그램이 종료된 뒤에도 데이터를 저장해둘 수 있는 장소가 있어야 합니다. 이와 같은 저장 장소 중에서도 따로 준비가 필요 없고, 비교적 손쉽게 이용할 수 있는 것이 바로 파일입니다.

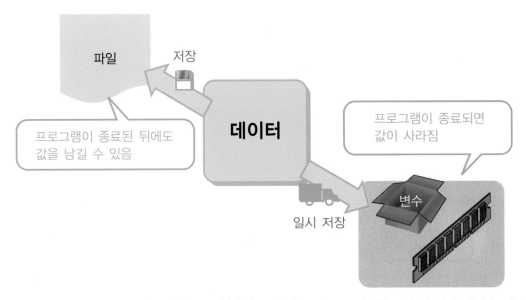

이번 절에서는 먼저, 파일 중에서도 특히 많이 쓰게 되는 텍스트 파일을 이용해 현재 시각을 저장하는 예를 소개하겠습니다.

1 파일에 현재 시각 저장

47쪽의 순서에 따라 [0804] 폴더에 'write.py'라는 이름의 파일을 생성합니다. 에디터가 열리면 오른쪽과 같이 코드를 입력합니다. 텍스트 파일을 열어, 현재 시각을 기록합니다 **1**.

입력을 마치면 🖫(모두저장)을 눌러 저장해 주세요.

> ⟫⟫ **Tips**
>
> str은 주어진 값을 문자열로 변환하는 함수입니다. now 메소드의 반환값은 datetime형이므로, str 함수로써 문자열로 변환하지 않으면 + 연산자로 연결하는 것에도 실패합니다.

```
01: import datetime
02:
03: file = open('0804/hoge.txt', 'w', encoding='UTF-8')
04: file.write(str(datetime.datetime.now()) + '\n')
05: file.close()
06: print('파일을 저장했습니다.')
```

2 코드 실행

[탐색기]에서 write.py를 우클릭하고 **1**, 표시된 메뉴에서 [Run Python File in Terminal]을 선택합니다 **2**.

파일이 실행되어 '파일을 저장했습니다.'라는 메시지가 표시됩니다.

```
PS C:\3step> & python c:\3step\0804\write.py
파일을 저장했습니다.
```

3 파일 안 확인

샘플이 제대로 실행되었다면, [0804] 폴더에 hoge.txt라는 파일이 생성되어 있을 것입니다. [탐색기]에서 hoge.txt를 더블클릭해 열어보세요. 오른쪽과 같이 파일에 샘플을 실행한 일시가 기록되어 있는지 확인합니다.

>>> 파일 열기

파이썬에서 파일을 조작하려면, 우선 원하는 파일을 열어야 합니다. 책장에 꽂아두었던 파일을 꺼내, 읽고 쓰기가 가능하도록 책상 위에 올려 펼친다고 생각해봅시다. 이것이 바로 open 함수입니다.

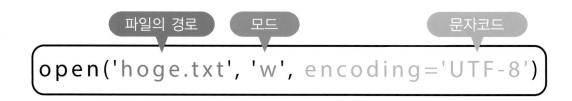

책장에서 파일을
꺼낸다

파일

'모드'는 파일에 대해 어떠한 조작이 가능한지를 결정하는 것입니다. 'w'는 write의 의미로, 쓰기가 가능하다는 뜻입니다. 지정된 파일이 존재하지 않는 경우에는 새로 빈 파일이 생성됩니다.

또한 '문자코드'에는 파일의 쓰기에 사용하는 문자코드를 지정합니다. 디폴트는 시스템 표준이므로, Windows라면 Shift-JIS(일본어의 경우), macOS라면 UTF-8이 됩니다. 환경에 따라 코드가 바뀌는 것은 바람직하지 않으므로, 보통 명시적으로 문자코드를 선언해두어야 합니다.

open 함수의 경로는 현재 폴더(3-2)를 기준으로 경로를 표시합니다. 체험에서는 '0804/hoge. txt'라고 되어있는데, python 커맨드를 실행하는 경로는 'C:₩3step'이므로, 최종적으로는 'C:₩3step₩0804₩hoge.txt'가 생성됩니다.

>>> 파일에 값을 쓰기

open 함수는 파일을 조작하기 위해 file형의 값(인스턴스)을 반환합니다. 체험❶의 예에서 변수 file이 바로 이것입니다. file형의 인스턴스가 만들어지면, 다음에는 write 메소드로 파일에 문자열을 기록할 수 있습니다.

맨 끝의 ' \ n'은 확장 비트열 중 하나로 줄 바꾸기를 나타냅니다.

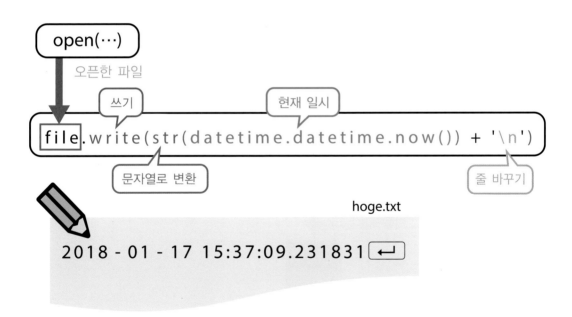

hoge.txt

2018 - 01 - 17 15:37:09.231831 [↵]

단, open 함수에서 모드 'w'를 지정한 경우, 파일은 항상 전부 삭제되고 맨 앞 위치부터 쓰입니다. 데이터를 쌓는 식으로 기록하려는 경우에는 'a' 모드를 지정해주세요('a'는 append의 'a'입니다).

다음 화면은 체험의 코드를 'a' 모드로 바꾼 상태에서 파일을 몇 번 실행한 결과입니다. VSCode에서 생성된 파일 hoge.txt를 열면, 여러 개의 일시가 나열되어 기록되어 있는지를 확인할 수 있습니다.

>>> 파일 닫기

파일을 사용한 후에는 close 메소드로 파일을 닫으면 됩니다. 파일의 close란, 펼쳤던 노트를 덮고 원래 있었던 책장에 되돌려놓는 작업이라고 생각하면 됩니다.

파일을 닫은 후에는 모드와 상관없이 파일을 읽거나 쓸 수 없게 됩니다.

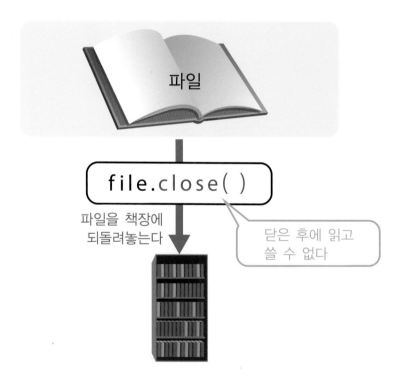

파일의 close는 스크립트가 종료된 후에 자동적으로 이루어지므로 작은 스크립트에서는 반드시 필요한 것은 아닙니다. 하지만 규모가 큰 앱을 만들게 되는 경우를 고려해, 사용한 것을 정리하는 습관을 들이는 것이 좋습니다.

≫≫≫ 보충 설명 : 파일을 자동으로 닫기 ···

with 블록을 사용해서 블록 종료 시에 자동적으로 닫히는 파일 오브젝트를 생성할 수 있습니다.

[구문] with 명령

```
with open(…) as 파일 오브젝트 :
    파일을 조작하는 명령(군)
```

예를 들어 체험❶의 코드를 with 명령으로 다시 쓰면 다음과 같습니다.

```
import datetime

with open('0804/hoge.txt', 'w', encoding='UTF-8') as file:
    file.write(str(datetime.datetime.now()) + '\n')
print('파일을 저장했습니다.')
```

한 줄일 뿐이지만, 파일을 사용하는 범위가 명확해지며 close 메소드로 파일을 닫는 것을 깜빡하는 일도 방지할 수도 있습니다.

정리

- ◉ 파일을 읽고 쓰려면 먼저 open 함수로 파일을 열어야 한다.
- ◉ 파일에 값을 쓰려면 파일을 'w' 또는 'a' 모드로 연다.
- ◉ 파일에 값을 쓸 때에는 write 메소드를 호출한다.
- ◉ 다 쓴 파일은 close 메소드로 닫아야 한다.

5 텍스트 파일에서 문자열 읽기

완성파일 | ☐ [0805] → 📄 [read.py], 📄 [readline.py], 📄 [readline2.py]

 예습 파일을 읽는 방법

파일은 쓸 뿐만 아니라 물론 읽는 것도 가능합니다. 파일을 읽는 순서는 '파일을 연다' → '파일을 조작한다(읽는다)' → '파일을 닫는다'로, 큰 흐름은 쓰기 때와 동일합니다. 하지만 파일을 읽기 모드로 열어야 한다는 점이 다릅니다.

이번 절에서는 미리 준비해둔 텍스트 파일을 읽어 와서 화면에 출력하는 코드를 작성합니다. 같은 처리를 몇 가지 다른 방법으로 시험해볼 테니, 각 방법의 장단점도 함께 이해하도록 합시다.

체험 | 텍스트 파일에서 데이터 읽기

1 읽어 올 파일 준비

스크립트에서 읽어 올 텍스트 파일은 다운로드 샘플로 제공하고 있습니다. 2-3에서 다운로드해둔 샘플에서 /complete/0805/sample.txt를 작업 폴더 [0805]에 복사해주세요.

sample.txt의 내용은 VSCode로 확인해둡시다.

```
01:  지금 WINGS에서는 멤버를 모집 중!
02:  함께 집필을 해보지 않으시겠어요?
03:  관심이 있는 분은 채용 담당자에게 연락 부탁드립니다.
```

2 파일 내용 읽어 오기

47쪽의 순서에 따라 [0805] 폴더에 'read.py'라는 이름의 파일을 생성합니다. 에디터가 열리면 오른쪽과 같이 코드를 입력합니다. 파일을 열어 텍스트 전체를 읽어 옵니다❶.

입력을 마치면 (모두저장)을 눌러 저장해주세요.

파일을 생성한다

```
01:  file = open('0805/sample.txt', 'r', encoding='UTF-8')
02:  data = file.read()
03:  file.close()
04:  print(data)
```
❶

3 코드 실행

[탐색기]에서 파일을 우클릭하고❶, 표시된 메뉴에서 [Run Python File in Terminal]을 선택합니다❷. 코드가 실행되어 sample.txt의 내용이 표시됩니다.

```
PS C:\3step> & python c:\3step\0805\read.py
지금 WINGS에서는 멤버를 모집 중!
함께 집필을 해보지 않으시겠어요?
관심이 있는 분은 채용 담당자에게 연락 부탁드립니다.
```

표시되었음

❷번과 마찬가지로 [0805] 폴더에 'readline.py'라는 이름으로 파일을 생성합니다. 에디터가 열리면 오른쪽과 같이 코드를 입력합니다.

파일을 열어 행 단위로 읽어 온 것을, 리스트 data로 저장합니다❶. 리스트의 내용은 for 블록으로 순서대로 출력합니다❷.

입력을 마치면 💾(모두저장)을 눌러 저장해 주세요.

파일을 생성한다

>>> Tips

변수 file에 설정한 파일을 여는 처리는 ❶번과 동일합니다. 입력이 귀찮다면 read.py를 복사해서 붙여넣어도 상관없습니다.

```
01: file = open('0805/sample.txt', 'r', encoding='UTF-8')
02: data = file.readlines()                                   1
03: for line in data:
04:     print(line, end='')                                   2
05: file.close()
```

⑤ 코드 실행

❸번과 마찬가지로 readline.py를 실행합니다. ❸번과 동일하게 sample.txt의 내용이 표시됩니다.

표시되었음

```
PS C:\3step> & python c:\3step\0805\readline.py
지금 WINGS에서는 멤버를 모집 중!
함께 집필을 해보지 않으시겠어요?
관심이 있는 분은 채용 담당자에게 연락 부탁드립니다.
```

6 파일 내용을 행 단위로 읽어 오기 (2)

①번과 마찬가지로 [0805] 폴더에 'readline2.py'라는 이름으로 파일을 생성합니다. 에디터가 열리면 오른쪽과 같이 코드를 입력합니다.

파일을 열고①, 그 내용을 그대로 for 블록으로 순서대로 출력합니다②.

입력을 마치면 🖫(모두저장)을 눌러 저장해 주세요.

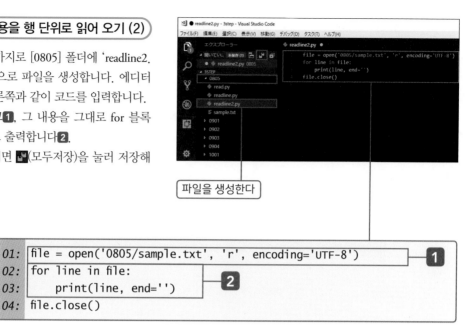

파일을 생성한다

```
01: file = open('0805/sample.txt', 'r', encoding='UTF-8')   1
02: for line in file:
03:     print(line, end='')                                 2
04: file.close()
```

7 코드 실행

③번과 동일하게 readline2.py를 실행합니다. ③번과 동일하게 sample.txt의 내용이 표시됩니다.

```
PS C:\3step> & python c:\3step\0805\readline2.py
```

지금 WINGS에서는 멤버를 모집 중!
함께 집필을 해보지 않으시겠어요?
관심이 있는 분은 채용 담당자에게 연락 부탁드립니다.

표시되었음

〉〉〉 파일을 읽기 모드로 열기

파일을 읽는 경우도 '파일을 연다' → '파일을 조작한다' → '파일을 닫는다'라는 큰 흐름은 쓰기 때와 동일합니다. 단, open 함수로 파일을 열 때의 모드는 'w'(write)가 아니라 'r'(read)입니다. 여기에서 open 함수에 쓸 수 있는 주요 모드에 대해서도 정리해둡시다.

모드	개요
r	읽기 전용(파일이 존재하지 않으면 에러. 디폴트)
w	쓰기 전용(파일이 존재하지 않으면 새로 생성)
a	파일 끝에 추가로 기록(파일이 존재하지 않으면 새로 생성)
r+	읽기/쓰기 겸용(파일이 존재하지 않으면 에러)
w+	읽기/쓰기 겸용(파일이 존재하지 않으면 새로 생성)
a+	읽기/파일 끝에 추가 기록 겸용(파일이 존재하지 않으면 새로 생성)

+는 r+, w+와 같이, 다른 모드와 함께 사용하면 읽기와 쓰기가 둘 다 가능합니다.

〉〉〉 파일 전체를 읽어 오는 read 메소드

텍스트 파일을 읽어 오는 방법에는 여러 가지가 있지만, 그중 가장 간단한 것이 read 메소드입니다 (체험❷).

[구문] **read 메소드**

> 파일 오브젝트.read(사이즈)

현재 파일에서 지정된 사이즈만큼 텍스트를 반환합니다. '사이즈'를 생략하는 경우에는 파일 끝까지 한꺼번에 불러옵니다.

체험❷에서는 read 메소드로 불러온 텍스트를 그대로 print 함수로 출력했습니다.

>>> 파일을 행 단위로 읽어 오는 readlines 메소드 ·····························

readlines 메소드를 사용하면 파일을 행 단위로 읽어 와서 리스트로서 반환시킬 수도 있습니다.

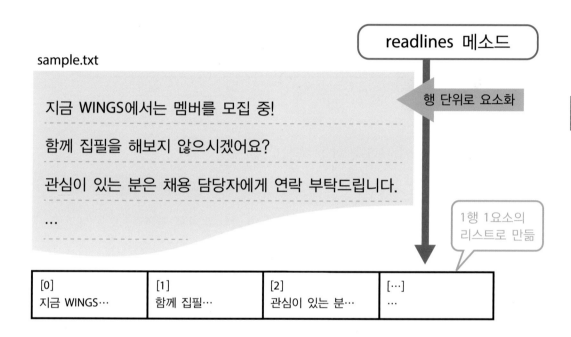

행이 리스트 요소가 되는 것이므로, 읽어 온 텍스트를 가공/수정하는 경우에도 편리합니다.

>>> 요소 끝의 줄 바꾸기 제거하기 ······································

readlines 메소드에서 텍스트를 읽어 온 경우, 각 요소의 맨 끝에는 줄 바꾸기 문자가 포함되어 있습니다. 따라서 readlines 메소드의 반환값을 print 함수로 출력할 때에는 줄 바꾸기가 중복되지 않게 주의해야 합니다.

readlines 메소드로 생성된 리스트

0	지금 WINGS에서는 멤버를 모집 중! ↵
1	함께 집필을 해보지 않으시겠어요? ↵
2	관심이 있는 분은 채용 담당자에게 연락 부탁드립니다. ↵
…	…

순서대로 출력

각 행 끝의 줄 바꾸기가
그대로 남아있음

print(지금 WINGS에서는 멤버를 모집 중! ↵)

print로 출력

print 함수도 줄 바꾸기 부여

지금 WINGS에서는 멤버를 모집 중! ↵↵

요소의 맨 끝에 있는 줄 바꿈 문자와 print 함수 출력 맨 끝의 줄 바꿈, 결과적으로 두 개의 줄 바꿈이 출력됩니다. 따라서 print 함수의 줄 바꿈을 체험❹와 같이 'end = "'로 삭제합니다.

인수 end는 print 함수가 맨 끝에 붙이는 문자를 나타내므로, 이를 빈 문자(")로 지정함으로써 print 함수 끝에 줄 바꿈이 붙지 않게 하는 것입니다.

> 칼럼 **문자 끝의 줄 바꿈 제거하기**

다른 방법으로, rstrip 메소드를 사용해도 상관없습니다. rstrip 메소드는 문자열(여기에서는 변수 line)의 맨 끝부터 지정된 문자를 제거하는 메소드입니다.

```
print(line.rstrip('\n'))
```

>>> **for 블록으로 파일 오브젝트를 처리하기** ··

파일 오브젝트를 for 명령에 넘겨서 파일 내용을 행 단위로 읽어 올 수도 있습니다.

코드를 비교하면 readlines 메소드와 비슷한 것처럼 보이지만, readlines 메소드는 맨 처음에 파일 전체를 리스트로 읽어 옵니다.

반면 파일 오브젝트를 for 명령에 주는 이 방법에서는, 파일을 읽어 오면서 처리도 순서대로 수행하고 있습니다. 전체 파일을 실행하지 않는 만큼, 메모리의 부담도 적습니다.

정리

- 파일을 읽을 때에는 파일을 'r' 모드로 연다.
- 파일로부터 값을 읽어 오려면, read/readlines 메소드를 호출한다.
- 파일 오브젝트를 for 블록에 넘겨주면 파일을 행 단위로 취득할 수 있다.

■ **문제 1**

다음 지시에 따라 짧은 코드를 각각 나타내봅시다.

1. 문자열 str로부터 2~4번째 문자를 추출한다(맨 처음 문자열을 0으로 한다).
2. 문자열 str을 쉼표로 분할해 리스트화한다.
3. '{0}은 {1}입니다'로 '사쿠라는 햄스터입니다'라는 문자열을 생성한다.
4. math 모듈에서 명시적으로 floor 함수를 import한다.

■ **문제 2**

다음은 올해 6월 25일로부터 60일 후의 날짜를 구하는 코드입니다. 빈칸을 채워 코드를 완성하세요.

```
# date.py
  ①     datetime

today = datetime.date. ②
six = datetime.date(  ③  , 6, 25)
delta =   ④   (days=60)

print(six  ⑤   delta)
```

■ **문제 3**

다음은 미리 준비되어 있는 0805/sample.txt를 행 단위로 불러와 순서대로 출력하기 위한 코드입니다만, 틀린 곳이 세 군데 있습니다. 잘못된 곳을 찾아내고, 코드를 수정해봅시다.

```
# readline.py

file = open('0805/sample.txt', 'w', 'UTF-8')
for line in file:
    print(line)
```

사용자 정의 함수

제 9 장 사용자 정의 함수

1 기본적인 함수 이해하기

완성파일 | 📁 [0901] → 📄 [func.py]

예습 | 함수란?

지금까지도 다루어왔듯이 파이썬에는 기본으로 다양한 함수가 준비되어 있습니다. 하지만 함수는 파이썬에서 제공하는 것만 쓰지는 않습니다. 표준 함수로는 커버되지 않는, 하지만 정형적인(＝자주 쓰는) 처리는 스스로 정의할 수도 있습니다. 이와 같은 함수를 가리켜 **사용자 정의 함수**라고 합니다.

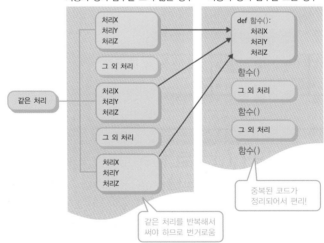

사용자 정의 함수를 사용하면 코드에서 자주 써야 하는 동일한 처리를 하나로 정리할 수 있으므로, 코드 길이 자체를 줄일 수 있습니다. 그뿐만 아니라 수정이 발생한 경우에도 함수만 수정하면 되기 때문에 수정이 누락되거나 잘못되는 것을 방지할 수 있습니다. 일정 수준 이상의 앱을 개발하려면 사용자 정의 함수는 필수적입니다.

이번 절에서는 주어진 밑변, 높이를 바탕으로 삼각형의 면적을 구하는 *get_triangle* 함수를 정의해 보겠습니다.

1 함수 정의

47쪽의 순서에 따라 [0901] 폴더에 'func.py'
라는 이름의 파일을 생성합니다. 에디터가 열
리면 오른쪽과 같이 코드를 입력합니다. 밑변
(base), 높이(height)를 받아, 이 값을 바탕으로
삼각형의 면적을 구하는 get_triangle 함수를
정의합니다❶.

입력을 마치면 █(모두저장)을 눌러 저장해
주세요.

파일을 생성한다

```
01: def get_triangle(base, height):
02:     return base * height / 2
```

2 함수 호출 코드 추가

❶번에서 작성한 코드에 오른쪽과 같이 코드
를 추가합니다. get_triangle 함수를 호출하고
❶, 그 결과를 표시합니다❷.

입력을 마치면 █(모두저장)을 눌러 저장해
주세요.

```
04: area = get_triangle(10, 5)
05: print('삼각형의 면적은', area, 'cm^2입니다.')
```

3 코드 실행

[탐색기]에서 func.py를 우클릭하고❶, 표시된
메뉴에서 [Run Python File in Terminal]을 선
택합니다❷. 파일이 실행되어 산출된 삼각형
의 면적이 표시되는지 확인해봅시다.

```
PS C:\3step> & python c:\3step\0901\func.py
삼각형의 면적은 25.0 cm^2입니다.
```

표시되었음

>>> **사용자 정의 함수를 정의하기** ·······································

함수를 정의할 때에는 def 명령을 사용합니다.

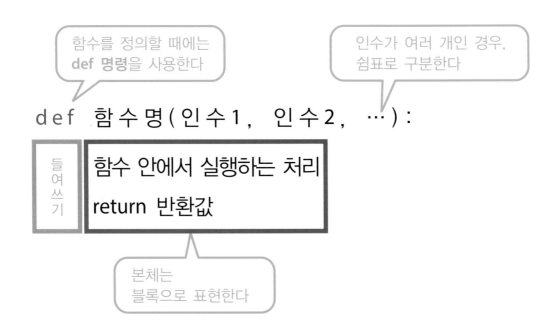

인수의 개수는 함수에 따라 달라집니다. 여러 개의 인수가 있는 경우에는 쉼표로 구분 지어 나열하고, 인수가 없는 경우에는 빈 괄호만 써둡니다(괄호 자체를 생략할 수는 없습니다).

함수의 본체는 if/while 등과 마찬가지로 블록(들여쓰기)으로 표현합니다. 함수에서는 받은 인수를 사용해서 정해진 처리를 실행합니다. 체험①의 예에서는, 밑변(base), 높이(height)를 사용해 삼각형의 면적을 구했습니다.

함수의 결과를 호출처로 반환할 때에는 return 명령을 씁니다. 예에서는 'base*height/2'(삼각형)의 면적을 계산해 그 결과를 반환했습니다. 결과(반환값)가 없는 경우, return 명령은 생략해도 상관없습니다.

칼럼 함수 이름의 규칙

함수 이름의 규칙은 변수(4-2)와 동일합니다. 알파벳 소문자와 숫자, 단어 구분에는 언더스코어 (_)를 사용합니다. 구문 규칙은 아니지만 알기 쉽게 하기 위해 'get_triangle'과 같이 '동사＋명사'의 조합으로 명명하는 것을 권장합니다.

>>> 사용자 정의 함수 실행하기 ···

사용자 정의 함수를 호출하려면 '함수명(인수, …)'라고 씁니다. 이는 표준 함수와도 동일합니다.

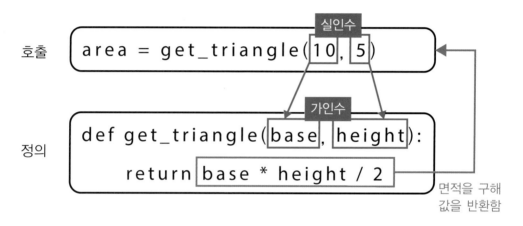

이때 호출하는 쪽의 인수와 정의하는 쪽의 인수를 구별하기 위해, 전자를 **실인수**, 후자를 **가인수**라고 부르는 경우도 있습니다. 호출할 때 실인수의 값은 가인수의 값에 대입되며, 함수 안에서 액세스할 수 있습니다.

정리

◉ 함수를 정의할 때에는 def 명령을 사용한다.
◉ 함수의 결과를 호출처로 반환하는 것은 return 명령의 역할이다.
◉ 함수로 정의된 인수를 '가인수', 함수에 주어지는 인수를 '실인수'라고 한다.

2 변수의 유효 범위 이해하기

완성파일 | 📁 [0902] → 📄 [scope.py]

 예습 | **변수의 유효 범위란?**

함수를 사용할 때에는 변수의 **스코프**(scope)를 의식할 수밖에 없습니다. 스코프란 해당 변수에 액세스할 수 있는 범위(유효 범위)를 의미합니다.

구체적으로 설명하자면, 파이썬에서는 함수의 바깥에 정의된 변수는 해당 파일 내의 어디서든 참조할 수 있습니다(이를 **글로벌 변수**라고 합니다). 반면 함수 안에 정의된 변수를 가리켜 **로컬 변수**라고 하며, 이는 함수 내에서만 참조할 수 있습니다.

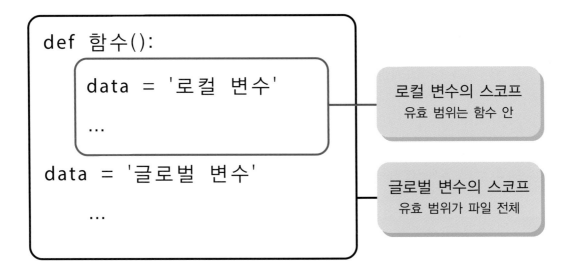

이번 절에서는 함수의 안팎에서 같은 이름의 변수 num을 정의하고, 그 값을 참조함으로써 변수의 범위를 확인해보도록 하겠습니다.

체험 변수의 유효 범위를 확인하기

1 함수 안팎에 같은 이름의 변수 정의

47쪽의 순서에 따라 [0902] 폴더에 'scope.py'라는 이름의 파일을 생성합니다.

에디터가 열리면 오른쪽과 같이 코드를 입력합니다. test_scope는, 안에서 변수 num을 정의하고 이를 출력하기 위한 함수입니다 **1**. 또한 함수의 바깥에서도 같은 이름의 변수 num을 정의하고**2**, 출력합니다**3**.

입력을 마치면 ■(모두저장)을 눌러 저장해 주세요.

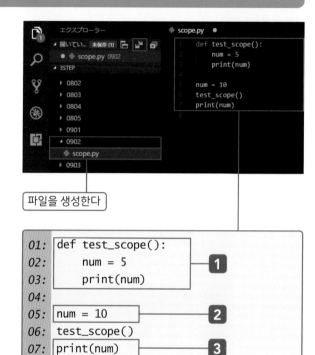

파일을 생성한다

```
01:  def test_scope():
02:      num = 5
03:      print(num)
04:
05:  num = 10
06:  test_scope()
07:  print(num)
```

2 코드 실행

[탐색기]에서 scope.py를 우클릭하고**1**, 표시된 메뉴에서 [Run Python File in Terminal]을 선택합니다**2**. 파일이 실행되어 **3**에서는 로컬 변수 num의 값이, **4**에서는 글로벌 변수 num의 값이 각각 표시되는 것을 확인해봅시다.

```
PS C:\3step> & python c:\3step\0902\scope.py
5
10
```

3 로컬 변수 코멘트아웃

❶번에서 작성한 코드를 오른쪽과 같이 편집합니다. 로컬 변수 num을 무효화합니다❶.

편집을 마쳤다면 🖫(모두저장)을 눌러 파일을 저장해주세요.

>>> Tips

코드를 코멘트화해서 무효화하는 것을 가리켜, 코멘트아웃이라고 합니다. 반대로 코멘트아웃한 코드에서 코멘트를 없애 유효화하는 것을 코멘트인이라고 합니다.

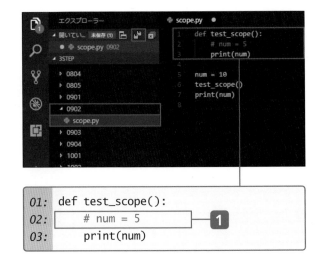

```
01:  def test_scope():
02:      # num = 5                1
03:      print(num)
```

4 코드 실행

❷번과 마찬가지로 scope.py를 실행합니다. ❶, ❷에서 모두 글로벌 변수 num의 값이 표시되는 것을 확인합시다.

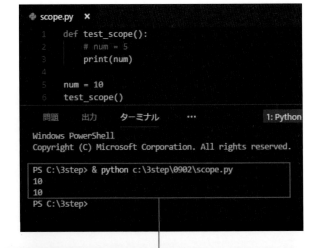

```
PS C:\3step> & python c:\3step\0902\scope.py
10                1
10                2
```

❸번에서 작성한 코드를 오른쪽과 같이 편집
합니다. 로컬 변수 num을 유효화함과 동시에
❶, 글로벌 변수 num을 무효화합니다❷.
　편집을 마쳤다면 █(모두저장)을 눌러 파일
을 저장해주세요.

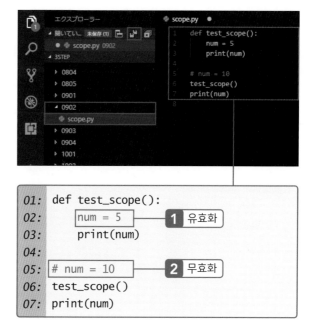

```
01:  def test_scope():
02:      num = 5          ──1 유효화
03:      print(num)
04:
05:  # num = 10           ──2 무효화
06:  test_scope()
07:  print(num)
```

6 코드 실행

❷번과 마찬가지로 scope.py를 실행합니다.
❶에는 로컬 변수의 값이 표시되지만 ❷에서
는 에러가 출력되는지 확인합시다.

```
scope.py  ×
  1   def test_scope():
  2       num = 5
  3       print(num)
  4
  5   # num = 10
  6   test_scope()

問題    出力    ターミナル    …                        1: Python

PS C:\3step> & python c:\3step\0902\scope.py
5
Traceback (most recent call last):
  File "c:\3step\0902\scope.py", line 7, in <module>
    print(num)
NameError: name 'num' is not defined
PS C:\3step>
```

```
PS C:\3step> & python c:\3step\0902\scope.py
5                                                    ──1
Traceback (most recent call last):
  File "c:\3step\0902\scope.py", line 7, in <module>
    print(num)                                       ──2
NameError: name 'num' is not defined
```

⟩⟩⟩ 스코프의 기본 ....

먼저, 변수의 스코프는 '변수를 어디서 선언하는가'에 따라서 결정됩니다.

로컬 변수의
스코프

```
def test_scope():
    num = 5        ← ① 로컬 변수
    print(num)     ← ③ 로컬 변수를 참조
```

글로벌 변수의
스코프

```
num = 10           ← ② 글로벌 변수
test_scope()       ← ⑤ 함수의 호출
                      (로컬 변수 작성)
print(num)         ← ④ 글로벌 변수를 참조
```

체험❶의 예에서는 test_scope 함수 안에 정의된 함수 num(①)은 로컬 변수이며, 함수 바깥에 정의된 변수 num(②)은 글로벌 변수가 됩니다.

스코프가 다른 경우에는 이름이 같아도 각각의 변수는 다른 것이라는 점에 주의해주세요. ③에서는 로컬 변수 num의 값이 반환되며, ④에서는 글로벌 변수 num의 값이 반환됩니다. (예를 들어) 글로벌 변수 num(②)의 값이 함수의 호출(⑤)로 인해 덮어씌워지는(= 10이 5가 되는) 것은 아닙니다.

▶▶▶ 존재하지 않는 로컬 변수를 참조한 경우 ···

체험❸의 경우입니다. 함수 안에서 지정한 로컬 변수가 존재하지 않는 경우, 자동적으로 글로벌 변수에 액세스합니다.

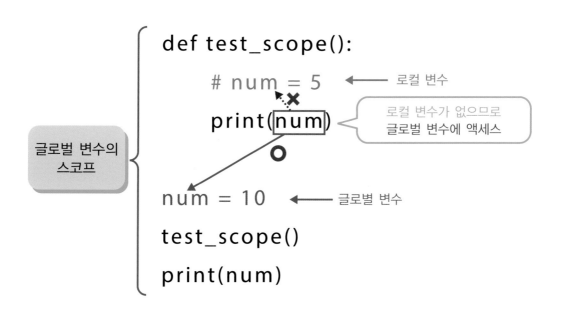

글로벌 변수는 함수 안에서도 유효합니다. 체험❶의 함수 안에서 글로벌 변수가 보이지 않게 된 것은, 어디까지나 '같은 이름의 로컬 변수에 의해 글로벌 변수가 일시적으로 보이지 않게 된 것'에 지나지 않습니다.

단, 체험❸의 예에서 다음과 같은 경우에는 UnboundLocalError(로컬 변수가 초기화되어 있지 않음)
가 발생합니다.

```
def test_scope( ):
    # num = 5
    print(num)   ②
    num = 13     ①
```

위에서는 함수 안에서 변수 num에 대입을 했기 때문에(①), 로컬 변수 num이 생긴 것이 됩니다.
로컬 변수는 해당 함수 내 전체에서 유효합니다. 즉, 이 예에서는 ②에서 참조하고 있는 변수 num도
(글로벌 변수가 아닌) 로컬 변수가 되는 것입니다. 하지만 ②의 입장에서는 아직 로컬 변수 num에
값이 할당되지 않았으므로 '초기화되어 있지 않다!'는 에러가 발생하게 됩니다.

이와 같은 에러를 막기 위해서는 다음과 같이 global 명령을 사용하도록 합니다.

```
def test_scope( ):
    # num = 5
    global num
    print(num)   ③
    num = 13     ④
```

이렇게 하면 '함수 안의 변수 num은 글로벌 변수'라는 의미가 됩니다. 따라서 ③은 글로벌 변수
num을 참조하고, ④는 글로벌 변수 num에 대입하는 것이 됩니다.

>>> 존재하지 않는 글로벌 변수를 참조한 경우 ··

체험**⑤**의 경우입니다. 지정한 글로벌 변수가 존재하지 않는 경우, "NameError: name 'num' is not defined"(num이라는 변수는 존재하지 않습니다)라는 에러가 발생합니다.

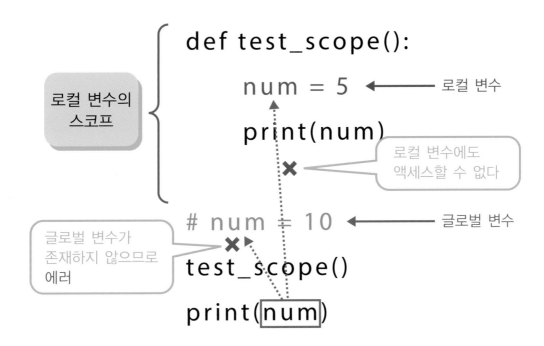

체험**③**에서와는 다르게 로컬 변수 num은 함수 안에서만 유효하므로, 함수의 외부에서는 참조할 수 없다는 점을 기억해둡시다.

정리

- ◉ 변수의 스코프는 어디에서 변수를 선언했는가에 따라 결정된다.
- ◉ 로컬 변수는 함수 안에서만 액세스할 수 있다.
- ◉ 함수의 안에서 존재하지 않는 로컬 변수를 참조한 경우, 글로벌 변수에 액세스를 시도한다.

3 인수에 디폴트 값 설정하기

완성파일 | 📁 [0903] → 📄 [func.py]

 예습 **인수의 디폴트 값이란?**

함수의 인수에는 디폴트 값을 설정해둘 수 있습니다. 디폴트 값이란 함수를 호출할 때, 인수를 생략하는 경우에 할당되는 미리 정해진 값을 뜻합니다. 바꿔 말하면, 디폴트 값이 지정된 인수는 호출 시에 생략할 수 있다는 의미입니다(아니면 모든 인수는 필수로 간주됩니다).

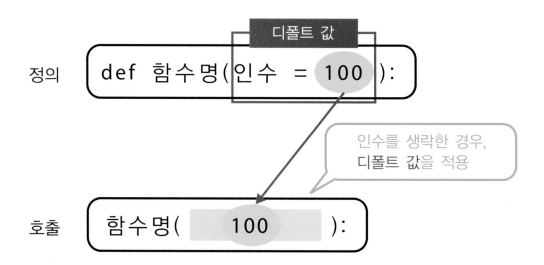

여기에서는 **9-1**에서 만든 get_triangle 함수를 수정해서, 밑변(base), 높이(height) 모두 디폴트 값으로 1을 설정해보겠습니다.

또한 디폴트 값과 관련하여 호출 시에 인수의 이름도 명시하는 **키워드 인수**에 대해서도 함께 설명하겠습니다.

1 파일 복사

VSCode의 [탐색기]에서 [0901] 폴더의 func. py를 우클릭하고 ❶, 표시된 메뉴에서 [복사] 를 선택합니다 ❷.

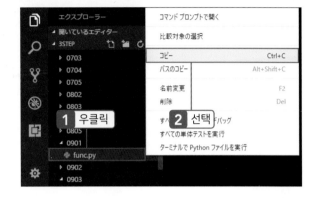

2 붙여넣기

[0903] 폴더를 우클릭하고 ❶, 표시된 메뉴에 서 [붙여넣기]를 선택합니다 ❷.

3 호출할 때 인수 생략

❷번에서 붙여넣은 파일을 열어, 오른쪽과 같이 편집합니다. get_triangle 함수를 인수를 지정하지 않고 호출하도록 합니다 ❶.

입력을 마치면 🔳(모두저장)을 눌러 저장해 주세요.

```python
01: def get_triangle(base, height):
02:     return base * height / 2
03:
04: area = get_triangle()                    ❶
05: print('삼각형의 면적은', area, 'cm^2입니다.')
```

[탐색기]에서 func.py를 우클릭하고**1**, 표시
된 메뉴에서 [Run Python File in Terminal]을
선택합니다**2**. 파일이 실행되고, 'TypeError:
get_triangle( ) missing 2 required positional
arguments: 'base' and 'height''(인수가 부족
합니다)라는 에러가 표시되는 것을 확인해봅
시다.

표시되었음 ──

```
PS C:\3step> & python c:\3step\0903\func.py
Traceback (most recent call last):
  File "c:\3step\0903\func.py", line 4, in <module>
    area = get_triangle()
TypeError: get_triangle() missing 2 required positional
arguments: 'base' and 'height'
```

⑤ 인수의 디폴트 값 설정

③번에서 작성한 코드를 오른쪽과 같이 편집
합니다. 인수 base / height 각각에 디폴트 값으
로 1을 설정합니다**1**.
　편집을 마치면 **모두저장**(모두저장)을 눌러 파일을
저장해주세요.

```
01: def get_triangle(base=1, height=1):
02:     return base * height / 2
```
1

6 코드 실행

④번과 동일하게 func.py를 실행합니다. 파일이 실행되면 '삼각형의 면적은 0.5cm^2입니다.'라고 표시되며, 디폴트 값이 적용되어 있다는 것을 확인합니다.

표시되었음

```
PS C:\3step> & python c:\3step\0903\func.py
삼각형의 면적은 0.5 cm^2입니다.
```

7 키워드 인수 사용

⑤번에서 작성한 코드를 오른쪽과 같이 편집합니다. 인수 height만 이름을 명시해서 호출합니다 **1**.

편집을 마치면 🖬(모두저장)을 눌러 파일을 저장해주세요.

```
04: area = get_triangle(height=6)
05: print('삼각형의 면적은', area, 'cm^2입니다.')
```
1

8 코드 실행

④번과 같이 func.py를 실행합니다. 파일이 실행되고 '삼각형의 면적은 3.0 cm^2입니다.'라는 결과가 얻어집니다. 인수 height가 인식되었고, 인수 base에는 디폴트 값이 적용된 것을 확인합니다.

표시되었음

```
PS C:\3step> & python c:\3step\0903\func.py
삼각형의 면적은 3.0 cm^2입니다.
```

>>> 인수의 디폴트 값 ·······································

인수에 디폴트 값을 설정하려면, '가인수＝디폴트 값'과 같이 가인수의 뒤에 디폴트 값을 설정하기만 하면 됩니다.

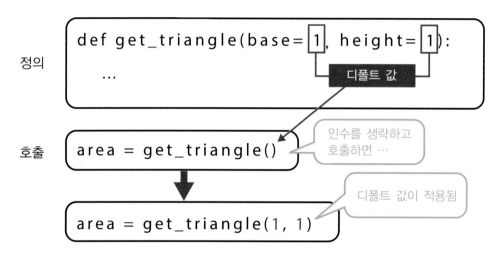

체험**5**에서는 인수 base／height에 대해, 각각 디폴트 값으로 1을 설정하고 있습니다. 체험**6**에서 base／height를 생략하고 함수를 호출하면, 디폴트 값이 할당되어 '1×1÷2', 0.5라는 결과가 얻어집니다. 인수 height만 생략해서 다음과 같이 나타낼 수도 있습니다. 이 경우는 '10×1÷2', 결과 5.0이됩니다.

```
area = get_triangle(10)
```

>>> 인수를 생략할 때의 주의점 ·······························

앞쪽의 인수 base만을 생략할 수는 없습니다. 생략할 수 있는 것은 뒤쪽 인수뿐입니다. 예를 들어 인수 base를 생략했다고 치고,

```
area = get_triangle(5)
```

라고 해도,

```
area = get_triangle(1, 5)
```

로 간주되지는 않습니다. 인수 height가 생략된

```
area = get_triangle(5, 1)
```

로 간주되므로 주의해야 합니다.

같은 이유로, 가인수에 디폴트 값을 지정하는 경우, 그보다 뒤에 생략 불가능한 인수(= 디폴트 값을 갖지 않는 인수)는 지정할 수 없습니다. 따라서 다음과 같은 코드는 에러가 발생합니다.

> 앞쪽 인수밖에 디폴트 값이 없으므로 에러!

```
def get_triangle(base=1, height):
    ...
```

>>> 키워드 인수 이용하기 ······························

함수를 호출할 때 '가인수명 = 값'처럼, 이름을 나열해 인수를 기술할 수도 있습니다. 이를 키워드 인수라고 합니다.

8-4에서도 open 함수의 encoding 인수를 지정할 때 사용했었습니다.

> 가인수명=값

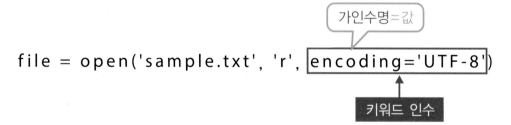

```
file = open('sample.txt', 'r', encoding='UTF-8')
```

> 키워드 인수

키워드 인수를 사용하면 다음과 같은 장점들이 있습니다.

1. 인수의 의미를 직관적으로 파악하기 쉽다.
2. 필요한 인수만 표현할 수 있다.
3. 인수의 순서를 호출하는 쪽에서 자유롭게 변경할 수 있다.

예를 들어, get_triangle 함수의 예에서도 키워드 인수를 쓰면 다음과 같이 호출할 수 있게 됩니다.

```
area = get_triangle(height=5)
```
base만 생략

```
area = get_triangle(height=5, base=2)
```
height → base 순으로 지정

이름을 명시하는 만큼 코드가 길어진다는 단점도 있지만,

- 원래 인수 수가 많다.
- 생략 가능한 인수가 많고, 생략 패턴에도 다양한 조합이 있다.

와 같은 경우 효율적인 방법입니다.

💬 칼럼 open 함수의 경우

예를 들어 open 함수에는 다음과 같이 많은 인수가 존재합니다(각각의 의미는 몰라도 상관없습니다).

```
open(file, mode='r', buffering=-1, encoding=None, errors=None, newline=None,
closefd=True, opener=None)
```

만약 키워드를 사용하지 않고 encoding 인수를 지정하려고 하면 다음과 같이 불필요한 인수(여기에서는 mode, buffering에 대응하는 값)도 지정해야만 합니다.

```
open('test.txt', 'r', 10, 'UTF-8')
```

⟩⟩⟩ 키워드 인수의 사용법(정의하는 쪽) ·····································

키워드 인수를 사용할 때 함수 쪽에서는 특별한 준비가 필요 없습니다. 함수에서 정의된 가인수가 그대로 호출하는 쪽의 이름이 되기 때문입니다.

하지만 키워드 인수를 쓴다는 것은 지금까지는 로컬 변수에 지나지 않았던 가인수가 호출을 위한 키의 일부가 된다는 것을 의미합니다. 더 알아보기 쉽게 이름을 붙이는 것은 물론,

이름의 변경은 호출하는 쪽에도 영향을 미칠 가능성이 있다.

라는 점을 꼭 기억해두도록 합시다.

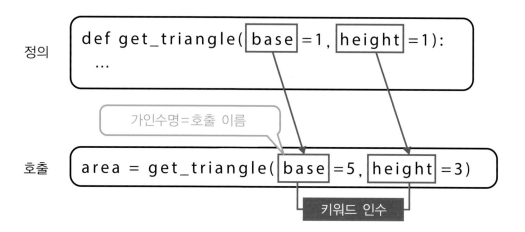

정의

```
def get_triangle( base =1, height =1):
    ...
```

가인수명=호출 이름

호출

```
area = get_triangle( base =5, height =3)
```

키워드 인수

💬 **칼럼** **보통 인수와 키워드 인수의 혼재**

보통(이름 없는) 인수와 키워드 인수를 섞어서 쓸 수도 있습니다. 이 경우에는 키워드 인수는 보통 인수의 뒤에 오도록 놓아야 합니다.

```
○ area = get_triangle(10, height=5)
✕ area = get_triangle(base=10, 5)
```
← 키워드 인수가 앞에 오는 것은 불가능함

정리

◉ '가인수명=값'의 형식으로 인수에 디폴트 값을 설정할 수 있다.

◉ 디폴트 값을 가진 인수는 호출 시에도 생략할 수 있다.

◉ 가인수에 디폴트 값을 지정하는 경우, 그보다 뒤에는 생략 불가능한 인수는 지정할 수 없다.

◉ 호출 시에도 '가인수명=값'과 같이 이름을 명시해 인수를 지정할 수 있다.

4 함수를 별도 파일화하기

완성파일 | 📁 [0904] → 📄 [area.py], 📄 [area_client.py]

 예습 | **함수의 별도 파일화** >>>

사용자 정의 함수는 자주 쓰는 처리를 묶은 것이라는 특성상, 특정 파일에서만 사용하는 것이 아닙니다. 보통은 파일로 따로 저장해두고, 필요할 때 각 파일에서 불러와서 사용합니다.

이와 같은 틀을 제공하는 것이 바로 모듈입니다. 모듈에 대해서는 이미 **8-2**에서 설명했습니다만, 파이썬에 기본적으로 준비되어 있는 모듈을 이용할 뿐만 아니라, 스스로 모듈을 만들 수도 있습니다. 함수나 (뒤에서 설명할) 클래스를 적극적으로 모듈화해두면 앱 안에서도 재이용하기 쉽습니다.

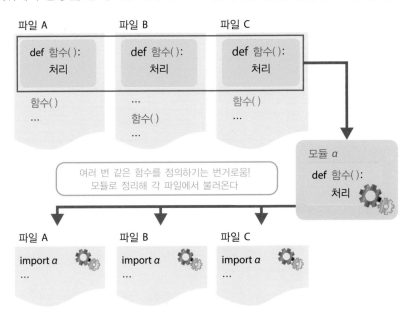

이번 절에서는 반지름(radius)으로부터 원의 면적을 구하는 get_circle 함수를 area 모듈로 정의하여, 이를 호출하는 예를 소개하겠습니다.

체험 모듈을 정의하고 호출하기

1 area 모듈 정의

47쪽의 순서에 따라 [0904] 폴더에 'area.py'
라는 이름의 파일을 생성합니다. 에디터가 열
리면 오른쪽과 같이 코드를 입력합니다. 인수
로 반지름(radius)을 받아 그 값을 바탕으로 원
의 면적을 구하는 get_circle 함수입니다 **1**.

　입력을 마치면 🖬(모두저장)을 눌러 저장해
주세요.

파일을 생성한다

```
01: import math
02:
03: def get_circle(radius=1):
04:     return radius * radius * math.pi
```
1

2 area 모듈 호출

1번과 마찬가지로 [0904] 폴더에 'area_
client.py'라는 이름으로 파일을 생성합니다.
에디터가 열리면 오른쪽과 같이 코드를 입력
합니다. area 모듈을 임포트하고 **1**, get_circle
함수를 호출합니다 **2**.

　입력을 마치면 🖬(모두저장)을 눌러 저장해
주세요.

파일을 생성한다

```
01: import area          1
02:
03: print('원의 면적은', area.get_circle(5), 'cm^2입니다.')   2
```

③ 코드 실행

[탐색기]에서 area_client.py를 우클릭하고
1, 표시된 메뉴에서 [Run Python File in
Terminal]을 선택합니다**2**. 파일이 실행되어,
산출된 원의 면적이 표시되는지 확인해봅시다.

⟫⟫Tips

area_clinet.py를 실행하면, [0904] 폴더의 안에
__pycache__라는 이름으로 폴더가 생성됩니다.
이것은 모듈을 컴파일한 결과를 저장하기 위한
폴더로, 다음에 코드를 실행했을 때 속도를 높여
주는 역할을 합니다.

```
PS C:\3step> & python c:\3step\0904\area_client.py
원의 면적은 78.53981633974483 cm^2입니다.
```

표시되었음

④ 동작 확인용 코드 준비

1번에서 작성한 코드에 오른쪽과 같이 코드
를 추가합니다**1**. 이 코드는 모듈이 직접 호출
되었을 때에만 실행됩니다.

area.py ●

```python
import math

def get_circle(radius = 1):
    return radius * radius * math.pi

if __name__ == "__main__":
    print(get_circle(10), 'cm^2')
    print(get_circle(7),  'cm^2')

```

```python
06: if __name__ == "__main__":
07:     print(get_circle(10), 'cm^2')
08:     print(get_circle(7),  'cm^2')
```
1

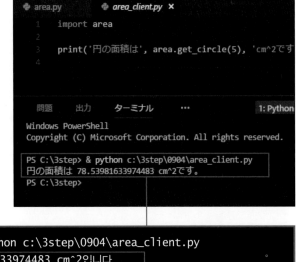

5 코드 실행

③번과 마찬가지로 area_client.py를 실행합니다.

결과가 ③번과 동일한 것을 확인해주세요.

```
import area

print('円の面積は', area.get_circle(5), 'cm^2です
```

```
Windows PowerShell
Copyright (C) Microsoft Corporation. All rights reserved.

PS C:\3step> & python c:\3step\0904\area_client.py
円の面積は 78.53981633974483 cm^2です。
PS C:\3step>
```

표시되었음
```
PS C:\3step> & python c:\3step\0904\area_client.py
원의 면적은 78.53981633974483 cm^2입니다.
```

6 코드 실행

①번과 같이 area.py를 실행합니다. ④번에서 추가한 코드가 실행되어, '314.15926535 89793 cm^2', '153.93804002589985 cm^2' 라는 결과가 나오는 것을 확인합니다.

```
import math

def get_circle(radius=1):
    return radius * radius * math.pi

if __name__ == "__main__":
    print(get_circle(10), 'cm^2')
    print(get_circle(7), 'cm^2')
```

```
Windows PowerShell
Copyright (C) Microsoft Corporation. All rights reserved.

PS C:\3step> & python c:\3step\0904\area.py
314.1592653589793 cm^2
153.93804002589985 cm^2
PS C:\3step>
```

표시되었음
```
PS C:\3step> & python c:\3step\0904\area.py
314.1592653589793 cm^2
153.93804002589985 cm^2
```

>>> 모듈 정의하기 ···

모듈이라고는 해도, 이는 지금까지 다뤄온 스크립트 파일과 같은 것입니다. 확장자를 '.py'로 해서 파일을 저장한다는 차이가 있을 뿐입니다.

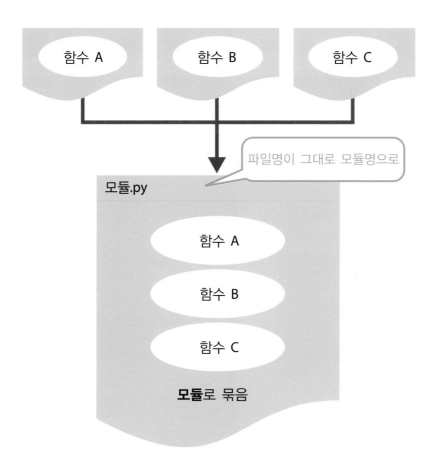

모듈명은 파일명에서 확장자 .py를 뺀 것이 됩니다. 따라서 area.py는 area 모듈을 정의한 것입니다.

여기에서는 area 모듈에 get_circle 함수 하나만 정의했지만, 물론 하나의 모듈에 여러 개의 함수를 정의해도 상관없습니다.

⟫⟫⟫ 모듈의 검색 위치 ···

import 명령은, 모듈명을 아래의 검색 경로에서 검색합니다.

1. 호출된 스크립트가 있는 폴더
2. 환경 변수 PYTHONPATH로 지정된 경로
3. 파이썬이 설치된 환경에 따라 결정되는 디폴트 폴더

이 예에서는 1번에 따라 area_client.py가 있는 곳과 같은 폴더에서 area.py를 검색하고 있습니다.

2번의 **환경 변수**는 컴퓨터마다 설정할 수 있는 변수를 의미합니다.

Windows 10인 경우, 시작 옆 검색에 '시스템 환경 변수 편집'을 입력해 클릭한 후 [시스템 속성] 화면을 엽니다.

고급의 [환경 변수]를 클릭하면 환경 변수 편집 화면이 뜹니다. 아래쪽 [시스템 변수] 칸의 [새로 만들기]를 클릭합니다. [새 시스템 변수] 화면이 뜨면 환경 변수 PYTHONPATH를 설정할 수 있습니다. 복수의 폴더를 설정할 때에는 경로를 세미콜론으로 끊어서 구분하면 됩니다.

그리고 환경 변수를 설정한 후에는 일단 VSCode를 재시작해서 설정을 반영합니다.

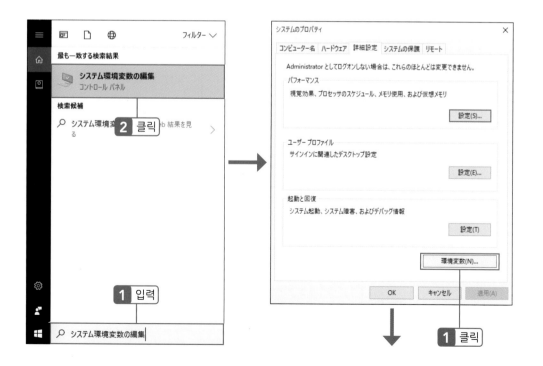

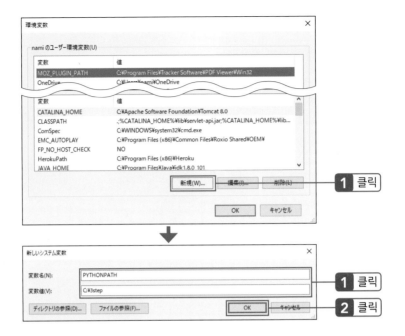

>>> 모듈에 테스트 코드를 추가하기 ••

체험 ④ 의 코드를 다시 봐주세요.

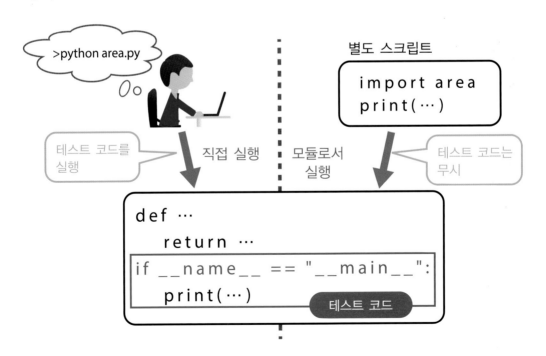

변수__name__(앞뒤 언더스코어는 2개씩입니다)은 파이썬에서 제공하는 특별한 변수로, 모듈로 호출된 경우에는 모듈의 이름이, 스크립트로 직접 호출된 경우에는 __main__이라는 값이 저장됩니다.

여기에서는 변수__name__이 __main__인 경우에(＝직접 호출되었을 때)만 실행되는 코드를 정의하고 있습니다. 이 블록에는 모듈의 동작을 확인하기 위한 코드를 써둠으로써, 테스트 코드로 쓸 수 있습니다.

체험❺에서도 보았듯이, 테스트 코드는 모듈로서 호출되었을 때에는 실행되지 않습니다.

정리

◉ 함수나 클래스를 파일로 정리해서 모듈을 정의할 수 있다.
◉ '파일.py'는 모듈 '파일명'을 정의하는 것이다.
◉ import 명령은, '현재 폴더', 'PYTHONPATH가 가리키는 폴더', '환경별 디폴트 폴더'에서 모듈을 검색한다.

■ 문제 1

다음은 사다리꼴의 면적을 구하는 get_trapezoid 함수와, 이를 호출하기 위한 코드입니다. 코드가 만족시켜야 하는 조건은 다음과 같습니다.

- 인수는 upper(윗변), lower(밑변), height(높이)
- 인수의 디폴트 값은 모두 10
- 호출 코드에서는 윗변 2, 밑변 10, 높이 3인 사다리꼴의 면적을 구함

빈칸을 채워 코드를 완성하세요.

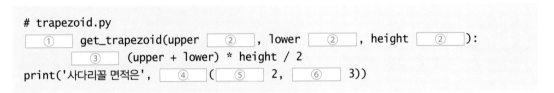

■ 문제 2

다음 코드가 실행되었을 때, ①, ②에는 각각 어떤 결과가 나오게 될까요? 그리고 빨간색 코드를 삭제했을 때의 결과에 대해서도 답해봅시다.

```
# scope.py
def test_scope():
    data = 'hoge'
    print(data)


data = 'foo'
test_scope()  ①
print(data)  ②
```

클래스

제 10 장 클래스

1 기본적인 클래스 이해하기

완성파일 | 📁 [1001] → 📄 [myclass.py], 📄 [class_client.py]

예습 | 클래스란? »»»

지금까지 int(정수), str(문자열), date(날짜), time(시각), file(파일) 등 파이썬에 기본적으로 준비되어 있는 다양한 형(클래스)을 다루어왔습니다. 이와 같은 형(클래스)은 기본적으로 제공되는 것 말고도 스스로 정의할 수도 있습니다.

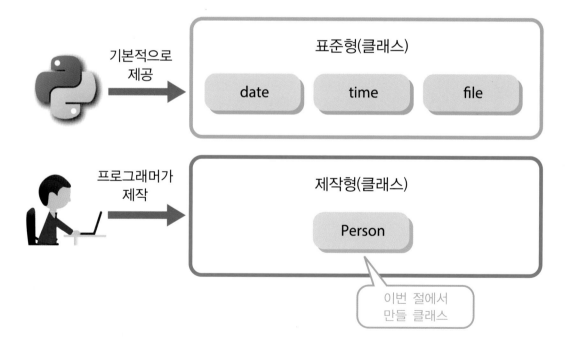

이번 장에서는 심플한 클래스의 예로, 이름(name), 키(height), 체중(weight)과 같은 인스턴스 변수를 가진 Person 클래스를 정의해보도록 하겠습니다.

체험 | **클래스 정의하기** »»»

1 빈 클래스 정의

47쪽의 순서에 따라 [1001] 폴더에 'myclass.py'라는 이름의 파일을 생성합니다. 에디터가 열리면 오른쪽과 같이 코드를 입력합니다. Person이라는 이름의 비어있는 클래스입니다 **1**.

입력을 마치면 🖳(모두저장)을 눌러 저장해 주세요.

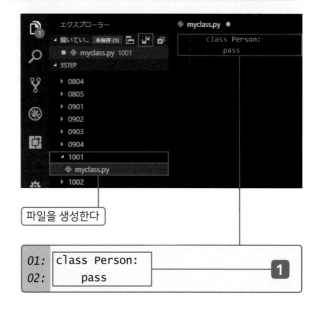

파일을 생성한다

```
01: class Person:
02:     pass
```
1

2 Person 클래스 인스턴스화

1번과 마찬가지로 [1001] 폴더에 'class_client.py'라는 이름으로 파일을 생성합니다. 에디터가 열리면 오른쪽과 같이 코드를 입력합니다. Person 클래스를 인스턴스화하고 **1**, 그대로 출력합니다 **2**.

입력을 마치면 🖳(모두저장)을 눌러 저장해 주세요.

파일을 생성한다

```
01: import myclass
02:
03: p1 = myclass.Person()
04: print(p1)
```
1
2

③ 코드 실행

[탐색기]에서 class_client.py를 우클릭하고 **1**. 표시된 메뉴에서 [Run Python File in Terminal]을 선택합니다**2**. 파일이 실행되어, '<myclass.Person object at 0x00000239 9D72F550>'이라는 메시지가 표시되는지 확인하도록 합시다.

>>> **Tips**

class_client.py를 실행하면, [1001] 폴더 아래에 __pycache__라는 이름의 폴더가 생성됩니다. 이것은 모듈을 컴파일한 결과를 저장하기 위한 폴더로, 다음에 코드를 실행했을 때 속도를 높여주는 역할을 합니다.

```
PS C:\3step> & python c:\3step\1001\class_client.py
<myclass.Person object at 0x00000239 9D72F550>
```

표시되었음

④ **Person 클래스에 인스턴스 변수 추가**

1번에서 작성한 코드를 오른쪽과 같이 편집합니다. Person 클래스에 초기화 메소드를 추가하고**1**, 그 안에 이름(name), 키(height), 체중(weight)과 같은 인스턴스 변수를 추가했습니다**2**.

편집을 마치면 ⬛(모두저장)을 눌러 파일을 저장해주세요.

```
01:  class Person:
02:      def __init__(self, name, height, weight):
03:          self.name = name
04:          self.height = height
05:          self.weight = weight
```

2 **1**

⑤ 인스턴스 변수 참조

②번에서 작성한 코드를 오른쪽과 같이 편집합니다. Person 클래스를 인스턴스화하고 **1**, 인스턴스 변수 height, weight를 바탕으로 BMI 값을 구합니다 **2**.

　편집을 마치면 📙(모두저장)을 눌러 파일을 저장해주세요.

```
01:  import myclass
02:
03:  p1 = myclass.Person('사쿠라', 1.21, 23)          1
04:  bmi1 = p1.weight / (p1.height * p1.height)       2
05:  print(p1.name, '의 BMI값은', bmi1, '입니다.')
06:
07:  p2 = myclass.Person('키라', 1.35, 30)            1
08:  bmi2 = p2.weight / (p2.height * p2.height)       2
09:  print(p2.name, '의 BMI값은', bmi2, '입니다.')
```

⑥ 코드 실행

③번과 마찬가지로 파일을 실행합니다. '사쿠라~', '키라의~'라는 메시지가 표시되는지 확인해봅시다.

```
● class_client.py ×
 1    import myclass
 2
 3    p1 = myclass.Person('サクラ', 1.21, 23)
 4    bmi1 = p1.weight / (p1.height * p1.height)
 5    print(p1.name, 'のBMI値は', bmi1, 'です。')
 6
 7    p2 = myclass.Person('キラ', 1.35, 30)
 8    bmi2 = p2.weight / (p2.height * p2.height)
 9    print(p2.name, 'のBMI値は', bmi2, 'です。')

問題     出力    ターミナル    …           1: Python

PS C:\3step> & python c:\3step\1001\class_client.py
サクラ のBMI値は 15.709309473396626 です。
キラ のBMI値は 16.46090534979424 です。
PS C:\3step>
```

```
PS C:\3step> & python c:\3step\1001\class_client.py
사쿠라 의 BMI값은 15.709309473396626 입니다.
키라 의 BMI값은 16.46090534979424 입니다.
```

표시되었음

>>> **클래스의 기본** ··

클래스를 정의하는 기본적인 구문은 다음과 같습니다.

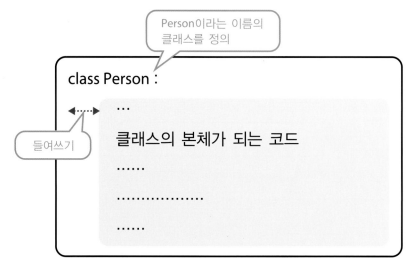

Person이라는 이름의
클래스를 정의

```
class Person :
     …
     클래스의 본체가 되는 코드
     ……
     ………………
     ……
```

들여쓰기

먼저, 클래스(형)를 정의하는 것이 class 명령입니다. class 명령에는 클래스의 이름과 블록을 나타내는 콜론(:)을 지정하기만 하면 됩니다.

이름을 붙이는 규칙은 지금까지도 보아온 변수/함수와 비슷하지만, 대문자로 시작하며, 단어의 구분도 (언더스코어가 아닌) 대문자로 나타내는 것이 관례적입니다. 예를 들면 MyPerson, SampleClass 등이 적합한 클래스의 이름입니다.

체험①에서는 Person이라는 이름의 클래스를 정의하고, 클래스 본체에는 'pass'라는 명령을 호출했습니다. 'pass'는 '아무것도 하지 않는다'는 의미입니다. 이 자체는 의미가 없지만, 빈 블록을 두기 위해서 자주 쓰는 명령이므로 기억해두면 좋습니다(아무것도 쓰지 않고 비워두면 누락인지 일부러 비워둔 것인지 알기 어렵기 때문에 이렇게 표시해두는 것입니다).

보통 'pass'라고 써 있는 부분에 메소드 등을 추가해서 클래스에 기능을 부여하게 됩니다.

>>> **클래스를 모듈화하기** ···

9-4에서도 보았듯이, 모듈에 포함되는 것은 함수뿐만이 아닙니다. 클래스를 모듈로 묶을 수도 있습니다.

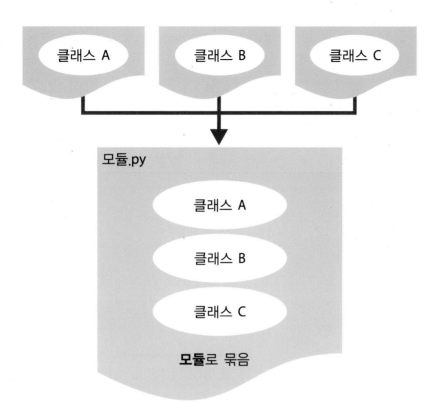

체험❶의 예에서는 myclass 모듈의 Person 클래스를 정의한 것입니다. 모듈 안의 클래스를 인스턴스화하려면, 클래스명에 '모듈명'을 붙여서,

모듈명.클래스명(인수, …)

와 같이 나타냅니다(8-3의 날짜 클래스를 인스턴스화하는 예도 떠올려봅시다).

체험❷의 시점에서는 아직 Person에 내용이 없기 때문에 인수도 비어 있습니다. 하지만 Person형의 인스턴스(오브젝트)가 만들어져 있다는 것은 체험❸의 예를 보아도 알 수 있습니다(myclass.Person 은, myclass 모듈의 Person 오브젝트라는 의미입니다).

>>> 인스턴스 변수란? ···

내용이 비어 있으면 인스턴스는 생성할 수 있다고 해도, 실질적으로 클래스로서의 의미가 없습니다. 따라서 체험❹에서는 Person이라는 클래스에 **인스턴스 변수**를 추가해보았습니다.

인스턴스 변수란 이름 그대로 인스턴스에 속하는 변수를 말합니다. 인스턴스 변수를 사용함으로 써, 드디어 인스턴스가 서로 의미 있는 값을 가지게 됩니다.

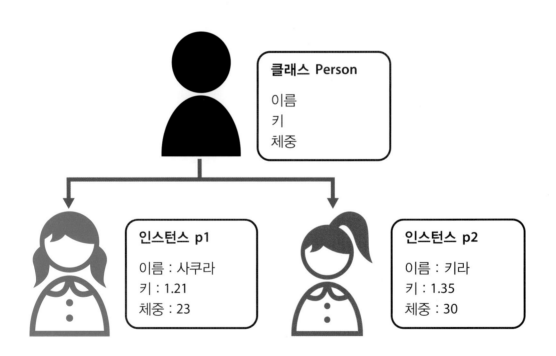

체험❺, ❻에서도 Person형의 인스턴스 p1, p2를 만들면 서로의 인스턴스 변수도 구별되고, 각각의 값에 따라 BMI값도 산출되는 것을 확인할 수 있습니다.

인스턴스 변수와 초기화 메소드

인스턴스 변수를 정의하는 것은 **초기화 메소드**의 역할입니다. 초기화 메소드란, 클래스를 인스턴스화 할 때 호출되는 특별한 메소드입니다.

(예를 들어) date 클래스를 인스턴스화할 때에는, 'birth = datetime.date(2018, 6, 25)'와 같은 코드 를 작성했습니다(8-3). 이는 내부적으로는 date 클래스에 준비되어 있던 초기화 메소드를 호출한 것 이었습니다.

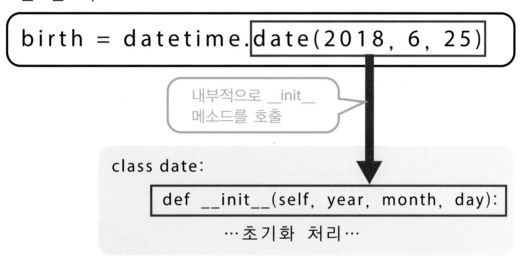

인스턴스화

```
birth = datetime.date(2018, 6, 25)
```

내부적으로 __init__
메소드를 호출

```
class date:
    def __init__(self, year, month, day):
        …초기화  처리…
```

초기화 메소드의 이름은, __init__(앞뒤 언더스코어 2개씩)으로 고정됩니다. 또한 인수의 맨 앞 에는

self(생성하는 오브젝트)를 주어야 한다

는 점에 주의해주세요. 두 번째부터가 호출 위치에서 건네주어야 할 원래의 인수입니다.

다음은 변수 self를 키(key)로, 아래 형식으로 인스턴스 변수를 생성해나갑니다. 체험❹에서는 이름 (name), 키(height), 체중(weight)이라는 인스턴스 변수를 생성했습니다.

[구문] 인스턴스 변수

```
self.인스턴스 변수명 = 값
```

여기에서는 인스턴스 변수의 값으로 같은 이름의 인수를 주었습니다만(예를 들어 인스턴스 변수
'height'는 인수 'height' 변수로 넘김), 물론 이름은 서로 달라도 상관없습니다.

💬 **칼럼 │ 클래스 변수**

인스턴스 변수는 이름 그대로 각 인스턴스별로 독립된 변수입니다(체험에서도 보았듯이, 인스턴스
p1의 name과, p2의 name은 다른 것입니다). 반면 클래스에 속하는 변수(모든 인스턴스가 공유할
수 있는 변수)도 있습니다. 이를 가리켜 **클래스 변수**라고 합니다.

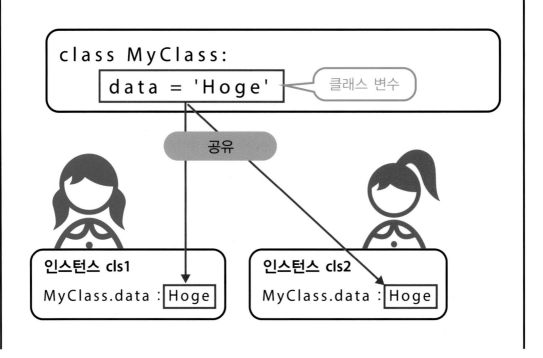

클래스 변수를 정의하려면, class 블록 안에서 변수를 정의하기만 하면 됩니다 **1**.

```
class MyClass:
    data = 'Hoge'        ━ 1 클래스 변수를 정의

cls1 = MyClass()
cls2 = MyClass()
MyClass.data = 'Piyo'    ━ 2 클래스 변수를 변경

print(cls1.data)         ━ 3 결과 : Piyo
print(cls2.data)
print(MyClass.data)      ━ 4 결과 : Piyo
```

data를 변경하면 **2**, 인스턴스 cls1, cls2 모두 변경 내용이 반영되는 것을 확인할 수 있습니다 **3**. 또한 여기에서는 편의상 '인스턴스.변수명'으로 액세스했지만, 클래스 변수는 '클래스명.변수명' 으로 액세스하는 것이 일반적입니다 **4**.

정리

- 클래스(형)는 class 명령으로 정의한다.
- 빈 블록을 표시할 때에는 '아무것도 없다'는 것을 의미하는 pass 명령을 호출한다.
- 인스턴스화 시에는 초기화 메소드가 호출된다.
- 초기화 메소드의 이름은 __init__으로 고정이다.
- 초기화 메소드 인수의 첫 번째로는 self(오브젝트)가 들어가야 한다.
- 모듈 안에서 정의된 클래스는 '모듈명.클래스명(…)'으로 인스턴스화한다.

2 클래스에 메소드 추가하기

완성파일 | 📁 [1002] → 📄 [myclass.py], 📄 [class_client.py]

 예습 | 인스턴스 변수의 처리는 메소드로 정리한다

10-1에서는 Person 클래스와 이에 속하는 인스턴스 변수로 이름(name), 키(height), 체중(weight)을 만들었습니다. 이를 호출하는 쪽에서 연산/정형하여 '사쿠라의 BMI값은 15.709309473396626입니다'와 같은 결과를 출력했습니다. 하지만 동일한 코드를 반복해서 기술하는 것은 매우 번거롭습니다.

　따라서 이와 같은 클래스(형)와 관련된 공통되는 처리는 메소드로 클래스에 정리하는 방법을 추천합니다. 관련된 데이터와 기능을 하나로 묶어서 관리할 수 있다는 것이, 클래스를 정의하는 의미이기 때문입니다.

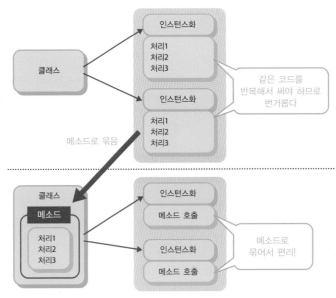

　지금부터는 **10-1**에서 정의한 Person 클래스를 개량해, 인스턴스를 바탕으로 BMI값을 구하는 bmi 메소드를 추가해보겠습니다.

체험 **클래스 메소드를 추가하기** >>>

1 파일 복사

VSCode의 탐색기에서 [1001] 폴더의 myclass.py를 우클릭하고 **1**, 표시된 메뉴에서 [복사]를 선택합니다 **2**.

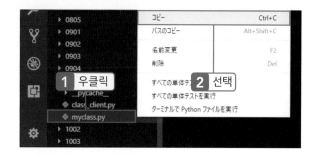

2 붙여넣기

[1002] 폴더를 우클릭하고 **1**, 표시된 메뉴에서 [붙여넣기]를 선택합니다 **2**.

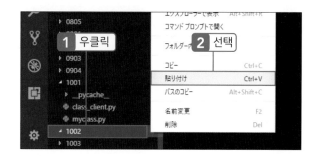

3 bmi 메소드 추가

1번에서 복사한 파일을 열어, 오른쪽과 같이 편집합니다. Person 클래스에 bmi 메소드를 추가하는 것입니다 **1**.

편집을 마치면 ⊞(모두저장)을 눌러 저장해 주세요.

```python
01: class Person:
02:     def __init__(self, name, height, weight):
03:         self.name = name
04:         self.height = height
05:         self.weight = weight
06:
07:     def bmi(self):
08:         result = self.weight / (self.height * self.height)
09:         print(self.name, '의 BMI값은', result, '입니다.')
```

1

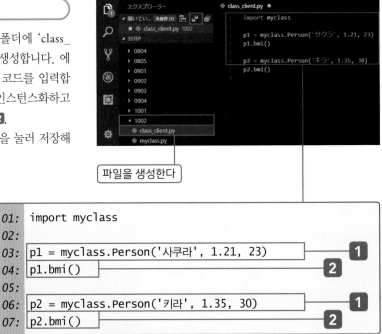

④ bmi 메소드 호출

47쪽의 순서에 따라 [1002] 폴더에 'class_client.py'라는 이름의 파일을 생성합니다. 에디터가 열리면 오른쪽과 같이 코드를 입력합니다. 각각 Person 클래스를 인스턴스화하고 **1**, bmi 메소드를 호출합니다**2**.

입력을 마치면 🖬(모두저장)을 눌러 저장해주세요.

파일을 생성한다

```
01:  import myclass
02:
03:  p1 = myclass.Person('사쿠라', 1.21, 23)     ①
04:  p1.bmi()                                      ②
05:
06:  p2 = myclass.Person('키라', 1.35, 30)        ①
07:  p2.bmi()                                      ②
```

⑤ 코드 실행

[탐색기]에서 class_client.py를 우클릭하고 **1**, 표시된 메뉴에서 [Run Python File in Terminal]을 선택합니다**2**. 파일이 실행되어 '사쿠라의~', '키라의~'와 같은 메시지가 표시되는지 확인해봅시다.

1 우클릭   2 선택

```
PS C:\3step> & python c:\3step\1002\class_client.py
사쿠라 의 BMI값은 15.709309473396626 입니다.
키라 의 BMI값은 16.46090534979424 입니다.
```

표시되었음

⟩⟩⟩ **클래스에 메소드를 추가하기** ⋯⋯⋯⋯⋯⋯⋯⋯⋯⋯⋯⋯⋯⋯⋯⋯⋯⋯⋯⋯⋯⋯⋯

일반적인 메소드도 기본적인 구문은 초기화 메소드 __init__ 과 동일합니다. 첫 번째 인수로 인스턴스를 나타내는 self를, 두 번째 인수부터 메소드의 독자적인 인수를 각각 지정합니다(bmi 메소드에는 고유의 인수가 없으므로 두 번째 인수부터 뒤에 아무것도 없습니다).

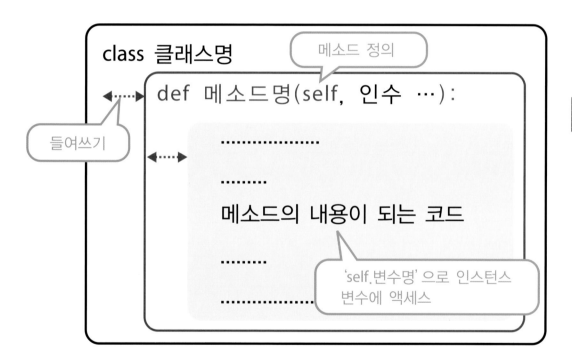

메소드의 안에서 'self.변수명'의 형식으로 인스턴스 변수에 액세스할 수 있다는 것도 __init__ 메소드의 경우와 같습니다.

체험에서 설명한 메소드는 인스턴스를 경유로 호출하였으므로, 정확히는 **인스턴스 메소드**라고 부릅니다. 이에 반해 (인스턴스를 작성하지 않아도) '클래스.메소드명(…)'의 형식으로 호출할 수 있는 메소드를 가리켜 **클래스 메소드**라고 합니다.

예를 들어 다음은 MyClass에 속한 클래스 메소드 hoge의 예입니다.

```
class MyClass:
    data = '호게'

    @classmethod
    def hoge(cls):
        print('클래스 메소드를 호출했습니다: ', cls.data)

MyClass.hoge() # 결과 : 클래스 메소드를 호출했습니다 : 호게
```

클래스 메소드의 포인트는 다음과 같습니다.

- 메소드의 직전에 '@classmethod'를 추가한다
- 첫 번째 인수로 'cls'를 넣는다(cls는 클래스 자체)

'@…'는 데코레이터라고 하는 구문으로, 형이나 메소드의 역할을 표시하기 위한 것입니다. 이 외에도 사용할 수 있는 데코레이터는 있지만, 일단 @classmethod로 기억해둡시다.

첫 번째 인수 cls는 클래스 자체를 받기 위한 인수로, 클래스 변수(264쪽)에 액세스하기 위해 사용합니다(여기에서는 cls.data로, 클래스 변수 data에 액세스하고 있습니다).

정리

◉ 메소드는 제1인수로 self(인스턴스)를 넣는다.
◉ 인스턴스 경유로 호출하는 메소드를 '인스턴스 메소드', 클래스에서 호출할 수 있는 메소드를 '클래스 메소드'라고 한다.

제8장에서도 보았듯이, 파이썬에는 풍부한 표준 라이브러리가 준비되어 있으며 이를 사용하는 것만으로도 기본적인 앱은 개발할 수 있습니다. 하지만 표준 라이브러리만으로 모든 앱의 여러 가지 요건들을 다 충족시킬 수는 없습니다.

그럼 이러한 요건들에 대해서는 사용자가 스스로 함수/클래스를 정의해야 하는 것일까요? 물론 그렇지 않습니다.

파이썬에는 전 세계의 개발자들이 작성한 라이브러리(패키지)도 준비되어 있습니다.

'PyPI-the Python Package Index'(https://pypi.org/)는 이와 같은 라이브러리를 모아둔 사이트입니다. 이 책을 집필하는 시점에는 이미 13만 건 이상의 라이브러리가 공개되어 있는데, 실로 어마어마한 양입니다.

이들 라이브러리를 가져오는 것도 쉽습니다. 파이썬 3.4버전부터는 pip라는 패키지 관리 툴이 기본적으로 같이 들어있으므로, 커맨드로 패키지를 설치할 수 있습니다. 예를 들어 서버 통신을 위한 requests라는 패키지를 설치하는 경우에는 다음과 같이 입력하기만 하면 됩니다.

```
> pip install requests
```

3 클래스 기능 상속

완성파일 | 📁 [1003] → 📄 [myclass.py], 📄 [class_client.py]

상속이란, 바탕이 되는 클래스의 기능(메소드)을 이어받아 새로운 기능을 추가하거나 원래의 기능을 일부만 수정하는 방법입니다.

예를 들어 **10-1**에서는 Person이라는 클래스를 정의했는데, 이와 거의 비슷한 기능을 가진 BusinessPerson이라는 클래스를 정의해본다면 어떨까요? 모든 코드를 처음부터 다시 정의하려면 번거롭기도 하지만, 고쳐야 할 부분이 있다면 수정할 위치가 전부 흩어져 있어서 더 어려울 것입니다.

하지만 상속을 이용하면 코드를 처음부터 다시 쓰지 않아도 됩니다. Person 클래스를 상속하고, 여기에 새로운 기능을 추가할 수 있기 때문입니다. 코드 변경이 필요한 경우에도 공통되는 기능은 상속하는 원래 클래스에 들어있기 때문에, 수정할 양도 적어집니다.

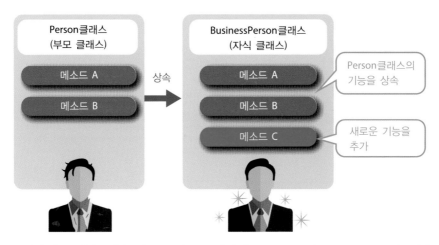

클래스를 상속받는 경우, 상속 원본 클래스를 가리켜 부모 클래스(또는 슈퍼 클래스), 상속받은 결과로 만들어진 클래스를 자식 클래스(또는 서브 클래스)라고 합니다.

체험 | 상속을 사용해 클래스 정의하기

1 Person 클래스 복사

VSCode의 탐색기에서 [1002] 폴더의 myclass.py를 우클릭하고❶, 표시된 메뉴에서 [복사]를 선택합니다❷.

2 붙여넣기

[1003] 폴더를 우클릭하고❶, 표시된 메뉴에서 [붙여넣기]를 선택합니다❷.

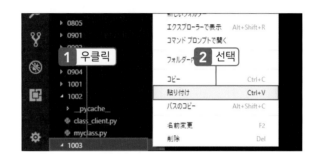

3 BusinessPerson 클래스 추가

❶번에서 복사한 파일을 열어, 오른쪽과 같이 편집합니다. Person 클래스를 물려받은 BusinessPerson 클래스를 정의하고❶, 초기화 메소드❷와 work 메소드❸를 추가합니다.

입력을 마치면 🖫(모두저장)을 눌러 저장해 주세요.

```python
11: class BusinessPerson(Person):
12:     def __init__(self, name, height, weight, title):
13:         super().__init__(name, height, weight)
14:         self.title = title
15:
16:     def work(self):
17:         print(self.title, '의', self.name, '은 일하고 있습니다.')
```

47쪽의 순서에 따라 [1003] 폴더에 'class_client.py'라는 이름의 파일을 생성합니다.

에디터가 열리면 오른쪽과 같이 코드를 입력합니다. BusinessPerson 클래스를 인스턴스화하고**1**, bmi 메소드**2**와 work 메소드**3**를 호출합니다.

입력을 마치면 ▦(모두저장)을 눌러 저장해주세요.

파일을 생성한다

```
01:  import myclass
02:
03:  bp = myclass.BusinessPerson('사쿠라', 1.21, 23, '신입')     1
04:  bp.bmi()                                                2
05:  bp.work()                                               3
```

5 코드 실행

[탐색기]에서 class_client.py를 우클릭하고 **1**, 표시된 메뉴에서 [Run Python File in Terminal]을 선택합니다**2**. 파일이 실행되어, '사쿠라의~'라는 메시지가 표시되는지 확인해주세요.

```
PS C:\3step> & python c:\3step\1003\class_client.py
사쿠라 의 BMI값은 15.709309473396626 입니다.
신입 인 사쿠라 는 일하고 있습니다.
```

표시되었음

≫≫≫ **클래스 상속하기** ···

클래스를 상속하는 기본적인 구문은 다음과 같습니다.

클래스를 상속

class 클래스명(부모 클래스명):

◀┈┈▶　·················

클래스의 본체가 되는 코드

···································

·················

···

class 명령으로 클래스를 지정한 후, 괄호 안에 상속하려는 클래스를 지정합니다.

실제로 부모 클래스의 기능이 자식 클래스로 이어지는지는 체험❹를 통해 확인할 수 있습니다.

BusinessPerson에 새로 정의한 것은 초기화 메소드(__init__)와 work 메소드이지만, Person 클래스에서 정의한 bmi 메소드도 마치 BusinessPerson 클래스의 일부인 것처럼 호출할 수 있습니다.

>>> 부모 클래스의 메소드를 호출하기 ···

상속을 이용하면 부모 클래스의 메소드를 자식 메소드로 덮어씌울 수도 있습니다. 이를 메소드의 덮어쓰기(overwrite)라고 합니다.

체험❷에서는 BusinessPerson에서 (Person 클래스에 정의된) 인스턴수 변수 이름(name), 키(height), 체중(weight)에 직급(title)을 추가하였으므로, 초기화 메소드에서도 title을 설정할 수 있도록 덮어쓰기를 하고 있습니다.

먼저 이와 같은 초기화 메소드를 아무런 정리 없이 그대로 표시하면 다음과 같습니다.

```
class BusinessPerson(Person)
    def __init__(self, name, height, weight, title)
        self.name = name
        self.height = height
        self.weight = weight
        self.title = title
```

하지만 이러한 코드는 바람직하지 않습니다. 왜냐하면 빨간 부분은 Person 클래스에도 쓰인 코드이기 때문입니다(258쪽을 확인해주세요). 상속을 사용했는데도 결국 코드가 중복되어 있다면 굳이 상속을 쓴 의미가 없습니다(대입 같은 간단한 코드면 상관없어도, 코드가 훨씬 복잡하다면 더욱 그렇습니다).

따라서 빨간 부분은 부모 클래스의 초기화 메소드를 호출하도록 바꿔주는 것이 좋습니다. 이것이 바로 super 함수의 역할입니다.

[구문] **super 함수**

```
super().메소드명(인수, …)
```

이로써 자식 클래스에서 부모 클래스를 호출할 수 있게 되므로, 부모 클래스의 기능을 쓰면서도 자식 클래스의 독자적인 메소드를 정의할 수 있습니다. 이 경우 부모 클래스에 변경이 있어도 자식 클래스에는 영향을 미치지 않습니다.

또한 체험에서는 __init__ 메소드를 호출했는데, 같은 방법으로 다른 메소드도 불러올 수 있습니다.

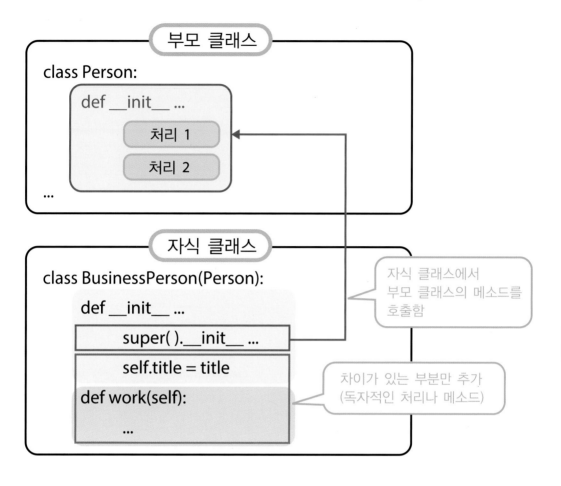

부모 클래스

class Person:

def __init__ ...

처리 1

처리 2

...

자식 클래스

class BusinessPerson(Person):

def __init__ ...

super( ).__init__ ...

self.title = title

def work(self):

...

> 자식 클래스에서
> 부모 클래스의 메소드를
> 호출함

> 차이가 있는 부분만 추가
> (독자적인 처리나 메소드)

정리

◉ 어떤 클래스의 기능을 물려받아 새로운 클래스를 정의하는 것을 '상속'이라고 한다.

◉ 클래스를 상속하려면 'class 클래스명(부모 클래스명)'과 같이 작성한다.

◉ 자식 클래스에서 부모 클래스의 메소드를 호출하려면, 'super( ).메소드명(⋯)'과 같이 작성한다.

■ 문제 1

다음은 Animal 클래스를 정의하고 이를 호출하기 위한 코드입니다. Animal 클래스가 충족시켜야 하는 조건은 다음과 같습니다.

- 인스턴스 변수로 이름(name), 나이(age)를 갖는다.
- 인스턴수 변수의 값을 표시하는 show 메소드를 갖는다.

빈칸을 채워 코드를 완성하세요.

```
# animal.py
  ①      Animal:
    def   ②   (   ③   , name, age):
          ③   .name = name
          ③   .age = age

    def   ④   (self):
        print(self.name, ':', self.age, '살')
```

```
# animal_client.py
      ⑤
ani = animal.Animal('도쿠지로', 2)
ani.   ④   ( )
```

■ 문제 2

문제 1에서 작성한 Animal 클래스를 상속받아, Hamster 클래스를 작성해 봅시다. Hamster 클래스는 Animal 클래스의 내용에 추가적으로, 변수 종류(type)를 설정할 수 있도록 합니다. 빈칸을 채워 코드를 완성하세요.

```
# animal.py에서 이어짐
class Hamster   ①   :
    def __init__(self, name, age,   ②   ):
          ③   .__init__(name, age)
        self.type = type

# 모듈 테스트용 코드
if   ④   :
    h = Hamster('사쿠라', 1, '스노화이트')
    print(h.type)
```

연습문제 해답

■ 문제 1

① 스크립트   ② 인터프리터   ③ 멀티패러다임   ④ 오브젝트
⑤ 데이터   ⑥ 기능(⑤, ⑥은 순서 상관없음)

파이썬이라는 언어를 이해하기 위한 키워드를 정리한 것입니다. 키워드를 통해서 파이썬의 특징을
파악하도록 합시다.

■ 문제 2

(×) 기계어로 프로그램을 표현하기는 어려우므로, 현재는 고급언어를 사용하는 것이 일반적입
니다. 파이썬도 고급언어의 한 종류입니다.

(○) 올바른 설명입니다.

(×) 파이썬은 객체 지향 구문을 지원하지만, 함수형 언어, 절차 지향 언어 등 다양한 개념을 조
합해서 프로그램을 작성할 수 있습니다.

(○) 올바른 설명입니다.

(×) 오브젝트는 '데이터'와 데이터를 다루기 위한 '기능'으로 구성됩니다.

■ 문제 1

(×) 홈페이지에서 제공되는 패키지를 비롯해, 특정 용도를 위한 기능이 추가된 파이썬 디스트
리뷰션을 이용해도 상관없습니다.

(×) 최소한 코드 에디터만 있어도 파이썬 개발이 가능합니다.

(×) Visual Studio Code는 Windows 환경을 포함, Linux, macOS에서도 쓸 수 있는 코드 에디터
입니다.

(○) 올바른 설명입니다.

■ 문제 2

커맨드라인에 명령어 'python'(Mac은 python3)을 입력해 실행하세요.

다음과 같은 결과가 표시됩니다.

```
PS C:\Users\nami> python
Python 3.6.4 (v3.6.4:d48eceb, Dec 19 2017, 06:54:40) [MSC v.1900 64 bit (AMD64)]
on win32
Type "help", "copyright", "credits" or "license" for more information.
```

■ 문제 1

python 커맨드(Mac은 python3)로 파이썬셸을 시작하고, 다음과 같이 식을 입력합니다. 파이썬에서
는 ×가 *, ÷가 /라는 점을 유의하세요.

```
PS C:¥Users¥nami> python
Python 3.6.4 (v3.6.4:d48eceb, Dec 19 2017, 06:54:40) [MSC v.1900 64 bit (AMD64)]
on win32
Type "help", "copyright", "credits" or "license" for more information.
>>> 5 * 3 + 2
17
>>> 4 - 6 / 3
2.0
```

■ 문제 2

(×) Shift-JIS, JIS(일본어의 경우)도 쓸 수 있습니다. 단, 문자코드를 명시적으로 선언해야 하
    는 제약이 있으므로 굳이 사용할 필요는 없습니다. 파이썬 표준인 UTF-8을 쓰도록 합시다.

(○) 올바른 설명입니다.

(×) 백쿼트가 아니라 큰따옴표입니다.

(×) +가 아니라 쉼표(,)입니다.

(○) 올바른 설명입니다.

■ 문제 3

1. `print("I'm from Japan.")`
    문자열에 작은따옴표가 포함되어 있으므로, 문자열 자체는 큰따옴표로 감싸야 합니다. 확
    장 비트열을 사용해 다음과 같이 써도 괜찮습니다.
    `print('I\'m from Japan.')`
2. `python data/sample.py`
    파일에서 코드를 실행하려면 python 커맨드(Mac은 python3)를 사용합니다. data 폴더 안의
    경로이므로 'data/~'와 같이 경로를 지정합니다.
3. `print('10+5는', 10+5, '입니다.')`
    여러 개의 값을 연속 출력하려면, 쉼표로 구분해서 나열한 값을 print 함수에 건네주도록 합
    니다.

■ 문제 1

(×) 문자열에도 사용할 수 있습니다. +는 문자열을 연결하고, *는 문자열을 지정 횟수만큼 반복합니다.

(○) 올바른 설명입니다.

(×) 보기에는 숫자 같지만, 실체는 따옴표로 감싼 문자열이므로 문자열을 연결합니다. 결과는 1020입니다.

(×) "NameError: name '변수명' is not defined"라는 에러가 발생합니다.

(×) 가능합니다. 파이썬의 변수는 형에 관용적이므로, 형이 다른 값을 자유롭게 쓰거나 변경할 수 있습니다.

■ 문제 2

1. 변수의 맨 앞 글자에는 숫자를 쓸 수 없습니다.
2. 맞음(알파벳과 언더스코어의 조합은 가능)
3. ' - '는 변수명으로 쓸 수 없습니다.
4. 예약어(파이썬에서 이미 의미를 갖고 있는 단어)는 변수명으로 쓸 수 없습니다.
5. 맞음

단, 5번의 경우는 바람직한 이름은 아닙니다. 대문자로 된 이름은 어떠한 의미를 갖는 것으로 간주되기 때문입니다.

■ 문제 3

잘못된 곳은 아래 네 곳입니다.

- input 함수의 반환값은 문자열이므로, 연산하기 전에 float 함수로써 수치로 변환해야 합니다(두 곳).
- 세 번째 문장 끝의 세미콜론은 필요 없습니다.
- 네 번째 문장은 문자열과 숫자를 연결하려 하는 것이므로 에러가 발생합니다. 쉼표로 나열하도록 합니다.

정확한 코드는 85쪽에서도 다루고 있으므로 이를 참조하세요.

■ 문제 1

> ① 리스트　　　② 요소　　　③ 첨자(인덱스번호)　　　④ 튜플
> ⑤ 사전　　　⑥ 세트

리스트/사전/세트/튜플은 파이썬에서도 가장 기본적인 형으로, 기억해두어야 합니다. 단순히 구문뿐만이 아니라, 각각의 특징에 대해서도 잘 이해해두도록 합시다.

■ 문제 2

```
1.  list = ['아', '이', '우', '에', '오']
2.  list.append('이로하')
3.  dic = { 'flower': '꽃', 'animal': '동물', 'bird': '새' }
4.  dic.clear( )
5.  set = {'아', '이', '우', '에', '오'}
```

리스트/사전/세트는 작성 방법이 비슷합니다. 혼동하지 않도록 여기에서 다시 한번 각 구문의 차이도 확인하도록 합시다.

■ 문제 3

> ['사토 지로',　'오가와 히로코',　'이노우에 겐타']

리스트와 관련된 기본적인 메소드의 동작을 코드를 따라가면서 다시 확인해보도록 합시다.

■ 문제 1

> ① int   ② input   ③ if   ④ elif   ⑤ point ＞ ＝70   ⑥ point ＞ ＝50   ⑦ else

예를 들어 ⑤는 'point ＞ ＝70 and point ＜90'이라고 적어도 잘못된 것은 아니지만, 위 조건식에서 90 이상인 것은 제외되어 있을 것이므로 굳이 길게 적지 않아도 됩니다.

■ 문제 2

틀린 곳은 다음과 같습니다.

- input 함수로부터의 입력값은 문자열이므로, 비교 전에 int 함수로써 정수로 변환합니다(두 곳).
- 첫 조건식은 '둘 다 정답일 경우'이므로, 'answer1==1 and answer2==5'입니다.
- 중첩된 elif/else 블록의 들여쓰기 위치가 맞지 않습니다.

위의 내용을 수정한 정확한 코드는 아래와 같습니다.

```
01:  answer1 = int(input('해답1의 값은?'))
02:  answer2 = int(input('해답2의 값은?'))
03:
04:  if answer1 == 1 and answer2 == 5:
05:      print('둘 다 정답')
06:  else:
07:      if answer1 == 1:
08:          print('해답1만 정답')
09:      elif answer2 == 5:
10:          print('해답2만 정답')
11:      else:
12:          print('둘 다 오답')
```

■ 문제 1

① 0   ② num < = 100   ③ + =   ④ result

변수에 값을 더할 때에는 += 연산자를 사용합니다. 또한 조건식 ②는 num < 101도 정답입니다.

■ 문제 2

다음과 같이 코드를 작성했다면 정답입니다. 파이썬에서는 특정 수치 범위를 반복하기 위한 전용 구문은 존재하지 않으므로, range 함수로 1~100의 값 리스트를 작성하는 것이 핵심입니다.

```
01: # range.py
02:
03: result = 0
04:
05: for i in range(1, 101):
06:     result += i
07:
08: print('1~100의 합계는', result)
```

■ 문제 3

틀린 곳은 다음과 같습니다.

- 리스트는 [⋯] 형식으로 작성합니다.
- for ⋯ to가 아니라, for ⋯ in입니다.
- break가 아닌 continue입니다.

위 내용을 수정한 코드는 다음과 같습니다.

```
01: # repeat.py
02:
03: list = ['아', '이', 'x', '로', '응']
04:
05: for str in list:
06:     if str == 'x':
07:         continue
08:     print(str)
```

제 8 장 │ 연습문제 해답

■ 문제 1

다음과 같이 코드를 적으면 정답입니다.

1. `print(str[2:5])`
2. `print(str.split(','))`
3. `str = '{0}은 {1}입니다.'`
   `print(str.format('사쿠라', '햄스터'))`
4. `from math import floor`

■ 문제 2

① import   ② today( )   ③ today.year   ④ datetime.timedelta   ⑤ +

datetime 모듈의 date, time, timedelta 등은 모두 자주 쓰는 형들입니다. 값의 표시법, 자주 쓰는 가산과 감산은 확실하게 이해해두도록 합시다.

■ 문제 3

틀린 곳은 다음 세 곳입니다.

- 파일을 읽어 올 때, open 함수에는 r 모드를 지정해야 합니다.
- 파일의 문자코드를 지정하는 경우, 명시적으로 'encoding='으로 지정합니다.
- 행 단위로 파일을 읽어 오는 경우, 행 끝의 줄 바꿈이 남게 되므로 print 함수에는 'end='''를 주어, 줄 바꿈 코드 출력을 중지시킵니다.

수정한 코드는 218쪽에서도 소개하고 있으므로 함께 확인해주세요.

제 9 장 │ 연습문제 해답

■ 문제 1

① def ② = 10 ③ return ④ get_trapezoid ⑤ upper = ⑥ height =

함수는 def 명령으로 정의합니다. 인수의 디폴트 값은 '인수명 = 값'으로 나타냅니다. ⑤, ⑥은 키워드 인수입니다. 키워드 인수를 사용하면 생략 가능한 인수를 임의의 순번으로 지정할 수 있습니다.

■ 문제 2

빨간 코드를 지우지 않는 경우 : ① hoge ② foo
빨간 코드를 지우는 경우 : ① foo ② foo

글로벌 변수와 로컬 변수가 같은 이름인 경우에 각각의 변수는 구분됩니다.

단, 함수 안에서 존재하지 않는 로컬 변수에 액세스한 경우에는 글로벌 변수에 지정된 변수가 없는지를 탐색합니다.

■ **문제 1**

① class   ② __init__   ③ self   ④ show   ⑤ import animal

클래스를 신규로 정의하는 것은 class 명령, 인스턴스 변수 등을 초기화하는 것은 __init__ 메소드의 역할입니다. 메소드는 제1인수(첫 번째 인수)로 self를 가져야 합니다.

■ **문제 2**

① (Animal)   ② type   ③ super( )   ④ __name__=='__main__'

자식 클래스를 정의하려면, 'class 자식 클래스명(부모 클래스)'라고 해야 합니다. 자식 클래스에서 부모 클래스의 메소드를 호출하는 super 함수의 사용법에 대해서도 잘 익혀두도록 합시다.

>>> Index

찾아보기

>>> Index

지은이

야마다 요시히로(山田祥寬)

히토츠바시대학 경제학부 졸업 후 NEC에서 시스템기획 업무를 담당하였으나, 2003년 4월에 프리 라이터로 전직했다. Microsoft MVP for Visual Studio and Development Technologies, 집필 커뮤니티 'WINGS 프로젝트'의 대표이다.

[주요 저서]

- 개정신판 JavaScript 본격 입문, Angular 애플리케이션 프로그래밍(기술평론사)
- Rubi on Rails 5 애플리케이션 프로그래밍(기술평론사)
- 독학시리즈(C#, 서버사이드Java, PHP, ASP.NET)(shoueisha)
- 제2판 처음 시작하는 Android 앱 개발(shuwa시스템)
- 개정신판 써보면서 익히는 SQL 드릴(닛케이BP사)
- 스피드러닝 시리즈(Vue.js, ASP.NET Core, TypeScript, ECMAScript 6)(Kindle) 등

야마다 나미(山田奈美)

무사시노음악대학 졸업 후 중학교 강사, 피아노 강사 등에 종사했으며, 현재는 'WINGS 프로젝트' 스태프 겸 피아노 강사이다. 자택 피아노 교실을 운영 중이며, 한 아이를 둔 엄마로서 두 가지 직업과 가사 육아로 매일 바쁜 하루를 보내고 있다.

[주요 저서]

- 개정2판 3step으로 확실하게 배우는 MySQL 입문(기술평론사)
- 개정3판 기초 PHP(임프레스) 등

옮긴이

최지연

동아대학교 일어일문학과 졸업 후 한국외국어대학교 통번역대학원 국제회의통역을 전공했다. 삼성전자에서 다년간 무선통신기술 관련 번역과 통역을 담당했으며, 현재 번역에이전시 엔터스코리아에서 전문 번역가로 활동 중이다.

[주요 역서]
- 파이썬 라이브러리 레시피
- 한눈에 보는 전자공작
- 나의 첫 UNIX 교과서
- 게임 프로그래밍, 물리로 생각하라
- 리눅스 시스템의 이해와 활용
- 따라하면 그림이 되는 크리타